Amicalement @+

Amicalement plus

—— Invitation à la langue et à la culture françaises

Nao Sawada

Liliane Lattanzio

Manabu Kurokawa

SURUGADAI-SHUPPANSHA

音声について

本書の音声は，下記サイトより無料でダウンロード，
およびストリーミングでお聴きいただけます．

https://stream.e-surugadai.com/books/isbn978-4-411-01147-3/

＊ご注意
・PC からでも，iPhone や Android のスマートフォンからでも音声を再生いただけます．
・音声は何度でもダウンロード・再生いただくことができます．
・当音声ファイルのデータにかかる著作権・その他の権利は駿河台出版社に帰属します．
　無断での複製・公衆送信・転載は禁止されています．

本書には教科書に準拠した教室用 DVD があり，ご採用の先生に献呈しております．
同じ内容の動画を下記サイトで公開しております．

https://www.youtube.com/channel/UC4jdTwQu1pT0wt7iURkXJ7Q/videos

謝辞
　　本書の企画から完成まで辛抱強く，ご支援くださった駿河台出版社の井田
洋二社長，上野名保子編集長に心より御礼申し上げます．
　　素敵なイラストを描いてくださった紫芝幸代さん，オシャレなデザインを
してくださった小熊未央さん，ありがとうございました．
　　注文を聞き入れて写真を撮ってくださった篠田勝英先生，井田純代さん，須
藤瑠衣さんにも感謝いたします．Un grand merci à toutes et à tous.

この教科書を使う学生さん，先生方へ

　Amicalement は「友情をこめて」「親切に」「親しく」を意味するフランス語で，手紙やメールの最後に記す言葉です．フレンドリーにフランス語とフランス文化に接してもらいたいという願いを込めたタイトルで，今回で3度目の全面改訂になります．旧版と区別するために〈 plus 〉と添えました．

　大学の第二外国語の1年次，2年次はもちろん，専門課程，さらにはセメスター制など，それぞれの学習環境に応じて，柔軟に使用できるように，文法，読解，文化，コミュニケーションの4つの要素を組み合わせてあります．すべてをやる必要はなく，学習者のニーズに合わせて，関心の度合いが高い部分を使ってください．それぞれが独立していながらも，有機的に結びついているので，総合的に用いることで，確実に理解が進み，力がつくことと思います．

　本書は 10 課（Unité）からなり，各課は《Dialogue》，《Grammaire》，《Exercices》，《Vocabulaire》，《Communication》，《余裕があったら覚えよう》，《もっと話したい》，《もっと知りたい》，《Civilisation》という構成になっています．

◆ Dialogue（ディアローグ）は，具体的な場面に基づいた簡単な対話文で，基本的な表現を学ぶとともに，文法事項の説明の導入にもなっています．全体を通じて，緩やかなストーリーが展開されます．
◆ Grammaire（文法）は，フランス語の初級文法の基本を押さえられるように単元ごとに重要な事項を，ディアローグに出てきた表現を元に学びます．
◆ Exercices（練習問題）は，文法で学んだ事項の確認のためのもので，比較的わかりやすい問題にしてあります．またリスニング能力を高めるために平易な聞き取り，発信力をつけるために和文仏訳も入れてあります．
◆ Vocabulaire（語彙）は，トピックスごとに頻出単語や日常用語を選んでまとめました．どんどん覚えましょう．
◆ Communication（会話）は，実際の会話に役立つ短いフレーズを厳選しました．この部分はぜひ暗記してください．
◆「余裕があったら覚えよう」は，覚えておくと便利な表現の箱です．ディアローグで学んだ表現と合わせれば，旅行などの準備にも役立ちます．
◆「もっと話したい」は，基本的なフレーズを覚えた上で，単語を入れ替える練習です．文字に色がついた部分を入れ替えて反復練習してみましょう．
◆「もっと知りたい」は，文法の補足説明です．ワンランク上の文法知識を求める人のために，説明と例文をつけました．
◆ Civilisation は，コラムや写真のキャプションを読むだけでも，フランス文化に触れることができるように工夫しました．第二外国語の1年次では，まずは写真や日本語の説明を通じて，フランス文化に親しんでください．2年次や専門課程の場合は，簡単な講読テクストとして用いることができます．その課までに学んだ文法事項で読めるはずです．理解度チェック Vrai ou Faux で確認しましょう．
◆ Appendice（補遺）には，詳しい発音の説明や，文法事項の補足，コミュニケーションや文化の追加を収めました．必要に応じて参照してください．

　それでは，みなさん，自分のフランス語の世界を楽しんでください．

Amicalement, à plus

著者一同

 P.S. ご意見やご指摘などがあれば，ぜひおしらせください．JC8N-SWD@asahi-net.or.jo

TABLE DES MATIÈRES

3

Unité 0

002

挨拶をおぼえよう ✈

♣ ていねいな表現

> **Bonjour, monsieur.**
> ボンジュール ムシュー
> おはようございます

> **Bonjour, madame.**
> ボンジュール マダム
> おはようございます

> **Au revoir, monsieur.**
> オルヴォワール ムシュー
> さようなら

> **Au revoir, mademoiselle.**
> オルヴォワール マドモワゼル
> さようなら

♣ 親しい間柄での表現

> **Salut, Philippe.**
> サリュ フィリップ
> こんにちは フィリップ

> **Salut, Sophie.**
> サリュ ソフィ
> やあ ソフィー

> **Au revoir.**
> オルヴォワール
> またね

> **Salut.**
> サリュ
> じゃあね

> **Bonjour.**
> **Je m'appelle Nathalie.**
> ボンジュール ジュマペル ナタリ
> こんにちは 私はナタリーです

003

数字を覚えよう 1〜10

1 un	[ɛ̃] [œ̃]	2 deux	[dø]
3 trois	[trwa]	4 quatre	[katr]
5 cinq	[sɛ̃k]	6 six	[sis]
7 sept	[sɛt]	8 huit	[ɥit]
9 neuf	[nœf]	10 dix	[dis]

4

004 Alphabet アルファベ

A a [a]	B b [be]	C c [se]	D d [de]
E e [ə]	F f [ɛf]	G g [ʒe]	H h [aʃ]
I i [i]	J j [ʒi]	K k [kɑ]	L l [ɛl]
M m [ɛm]	N n [ɛn]	O o [o]	P p [pe]
Q q [ky]	R r [ɛːr]	S s [ɛs]	T t [te]
U u [y]	V v [ve]	W w [dublǝve]	X x [iks]
Y y [igrɛk]	Z z [zɛd]		

① よく使われる略語を読んでみましょう. *Lisez.*

1. TGV（高速鉄道）　2. SNCF（フランス国鉄）　3. DVD　4. TVA（付加価値税）

② 自分の名前のスペルをフランス語で言ってみましょう. *Épelez votre nom et votre prénom.*

Nom（姓）: ....　Prénom（名）: ....

005 日本語に入ったフランス語

ガトーショコラ	gâteau au chocolat	クロワッサン	croissant	マルシェ	marché
パティシエ	pâtissier	カフェオレ	café au lait	メゾン	maison
フロマージュ	fromage	アラカルト	à la carte	シャトー	château
マキヤージュ	maquillage	アンサンブル	ensemble	ブティック	boutique

綴字記号

´	アクサンテギュ	é	cinéma
`	アクサングラーヴ	à è ù	poème
^	アクサンシルコンフレクス	â ê î ô û	hôtel
¨	トレマ	ë ï ü	Noël
¸	セディーユ	ç	garçon
'	アポストロフ		je t'aime
-	トレデュニオン		rendez-vous

フランス語は，語末の子音の文字（s, t, p など）は読まないのが原則．（ただし c, r, f, l は読むことが多い）．Paris はパリ，パリスではありません．

単語末の e も読みません．Marie はマリさん，マリエさんではありません．

h も読みません．homme 男 オム（男）．『レ・ミゼラブル *Les Misérables*』の著者は Hugo ユゴーです．

5

英語と読み方が違うところを覚えることが大切です.

006　**a**　エイとは読みません. ア [a] です.　　table [tabl] テーブル

　　　i　アイとは読みません. イ [i] です.　　tigre トラは [tigr] ティグル

　　　y　もイ [i] です.　　style [stil] スティル (様式)，cycle [sikl] シクル (サイクル)

　　　u　[y] ユ　Lupin [lypɛ̃] 怪盗ルパンではなくリュパンです.　　culture [kyltyr] キュルテュール (文化)

　　　o　[o/ɔ] オ　moto [moto] モト (バイク)

e の読み方には注意が必要です.

007　単語末の **e** は無音　Italie イタリ (イタリア)，adresse (アドレス)

　　　é　[e]　café (カフェ)，marché (市場)，école エコール (学校)

　　　è ê [ɛ]　crêpe (クレープ)，mère [mɛr] メール (母)

　　　子音の文字で終わる音節で [e/ɛ]　pâtissier (パティシエ)，gourmet [gurmɛ] (グルメ)

　　　e が音節の最後にくるとき [ə]　menu [məny] ムニュ (定食) secret [səkrɛ] スクレ (秘密)

文字の組み合わせで，一つの音を示す組み合わせがあります.

008　**ai** [ɛ] エ　　　　　　　　　　maison (家)，saison (季節)

　　　au, eau [o] オ　　　　　　　　café au lait (カフェオレ)，cadeau (プレゼント)

　　　ou [u] 強いウ　　　　　　　　boutique (店)，rouge (赤)

　　　eu [ø] ウ　　　　　　　　　　deux (2)，bleu (青)，euro (ユーロ)

　　　oi [wa] ワ　　　　　　　　　　croissant (クロワッサン)，étoile (星)

　　　in, im, ain, aim [ɛ̃]　　　　　cousin (いとこ)，pain (パン)，train (列車)
　　　アン (口を横に引く)

　　　an, am, en, em [ɑ̃]　　　　　ensemble (アンサンブル)，enfant (子供)，attention (注意)
　　　アン (口を縦に開く)

009　**ch**　　[ʃ] シ (ュ)　　　　　chanson (歌)，chance (幸運)

　　　gn　　[ɲ] ニュ　　　　　　　campagne (田舎)，Espagne (スペイン)

　　　ge　　[ʒ] ジュ　　　　　　　fromage (チーズ)，concierge (建物の管理人)

　　　qu　　[k] ク　　　　　　　　banque (銀行)，musique (音楽)

　　　il, ill [j] ユ　　　　　　　fille フィーユ (少女)，Versailles (ヴェルサイユ)

(読み方に関する詳しい説明は p.98)

Exercices

010 **1** 以下はフランスの都市名，地方名，名所などの地名です．読んでみましょう．
Lisez puis écoutez et répétez.

1. Nice   2. Lyon   3. Bordeaux   4. Marseille
5. Bourgogne   6. Loire   7. Champagne   8. Mont-Saint-Michel

011 **2** 英語との発音の違いに気をつけて次の単語を読んでみましょう．
Lisez puis écoutez et répétez.

1. nation   2. nature   3. courage   4. université
5. image   6. théâtre   7. important   8. simple

012 **3** 数字を聞きとりましょう． *Ecoutez et écrivez.*

1. _____   2. _____.   3. _____   4. _____
5. _____   6. _____   7. _____   8. _____

013 **数字を覚えよう 11〜20**

11 onze	[ɔ̃z]	**12** douze	[duz]
13 treize	[trɛz]	**14** quatorze	[katɔrz]
15 quinze	[kɛ̃z]	**16** seize	[sɛz]
17 dix-sept	[disɛt]	**18** dix-huit	[dizɥit]
19 dix-neuf	[diznœf]	**20** vingt	[vɛ̃]

Bonjour. Je m'appelle Philippe. Et vous ?

 余裕があったらおぼえよう 先生が用いる表現

Écoutez ! 聞いてください　　Lisez ! 読んでください
Regardez ! 見てください　　Répétez ! 繰り返してください
Écrivez ! 書いてください　　Répondez ! 答えてください
Encore une fois ! もう一度　　Plus fort ! もっと大きな声で
En français ! フランス語で　　Plus lentement ! もっとゆっくり

Dialogue 1   1.1 **Bonjour, madame**

014

Dans une boulangerie (パン屋で)

Aki	: Bonjour, madame.
La boulangère	: Bonjour, mademoiselle. Vous allez bien ?
Aki	: Très bien, merci. Et vous ?
La boulangère	: Très bien, merci.
Aki	: Une baguette et deux croissants, s'il vous plaît.
La boulangère	: Et avec ça ?
Aki	: Qu'est-ce que c'est ?
La boulangère	: Ça, c'est un gâteau au chocolat.
Aki	: Alors, un gâteau au chocolat aussi.
La boulangère	: 17 euros, s'il vous plaît.
Aki	: Voilà. Au revoir, madame.
La boulangère	: Merci. Au revoir, mademoiselle.

▶ vous（あなた）を使う
のは丁寧な表現

▶ Vous allez bien ?
お元気ですか？

▶ avec ça 他には？

▶ s'il vous plaît
お願いします 英 please

Grammaire

Qu'est-ce que c'est ?   それは何ですか？
C'est ～   それは～です.   C'est un livre.   それは本です.
Ce sont ～   それらは～です.   Ce sont des sacs.   それらはかばんです.

冠詞 *Articles indéfinis*
Articles définis

	男性単数	女性単数	複数
不定冠詞	**un**	**une**	**des**
定冠詞	**le (l')**	**la (l')**	**les**

不定冠詞：不特定のものを示すときに用いられる. un étudiant　ある学生
定冠詞：特定のものや，総称を示すときに用いられる. l'étudiant　その学生
   ▶ 母音（＋無音の h）で始まる単数名詞の前で le, la はエリジヨンして l' になる.（p. 13 参照）

名詞の性と数：名詞には男性名詞と女性名詞があり，単数形と複数形がある.
Nom: masculin, féminin, singulier, pluriel

男性名詞 (*n. m.*) garçon	男の子	croissant	étudiant	学生	Japonais
女性名詞 (*n. f.*) fille	女の子	baguette	étudiante	女子学生	Japonaise

複数形は原則として s をつける.　un garçon → des garçons,　une fille → des filles
ただし，例外もある.　　　　　un gâteau → des gâteaux,　un Japonais → des Japonais

❶ (　　) に不定冠詞を入れて読んでみましょう． *Complétez avec l'article indéfini.*

1. (　　) croissant (　　) croissants　　2. (　　) baguette (　　) baguettes

3. (　　) étudiant (　　) étudiants　　4. (　　) étudiante (　　) étudiantes

5. (　　) homme (　　) hommes　　6. (　　) femme (　　) femmes

❷ 以下はフランスの名所です．(　　) に定冠詞を入れて読んでみましょう． *m.* は男性名詞, *f.* は女性名詞, *pl.* は複数形の略語です． *Complétez avec l'article défini.*

1. (　　) tour Eiffel　エッフェル塔 (*f.*)

2. (　　) musée du Louvre　ルーヴル美術館 (*m.*)

3. (　　) Opéra　オペラ座 (*m.*)　　4. (　　) château de Versailles　ヴェルサイユ宮殿 (*m.*)

5. (　　) Alpes　アルプス山脈 (*f. pl.*)　　6. (　　) Arc de triomphe　凱旋門 (*m.*)

015 ❸ 音声を聞いて，(　　) に数字を入れましょう． *Écoutez et complétez.*

1. (　　) croissants　　2. (　　) baguettes　　3. (　　) cafés

4. (　　) euros　　5. (　　) euros　　6. (　　) euros

❹ カフェに入ったつもりで，注文しましょう． *Traduisez et jouez la scène à deux.*

1. クロワッサン 3 つとカフェ・オレ

2. ハムのサンドイッチとオレンジジュース

016 ❺ 音声を聞いて，何を示しているのかあてましょう．(　　) に番号を入れましょう． *Écoutez et répondez.*

Qu'est-ce que c'est ?

(　　)　　(　　)　　(　　)　　(　　)

VOCABULAIRE　パン・ケーキ屋 (La boulangerie-pâtisserie) ／カフェ (Le café)

un pain パン	un pain aux raisins ブドウパン	une baguette バゲット［フランスパン］
un croissant クロワッサン	une quiche キッシュ	un millefeuille ミルフィーユ
un éclair エクレア	un sandwich au jambon ハムのサンドイッチ	
un macaron マカロン	une tarte aux pommes リンゴのタルト	un café コーヒー
un café au lait カフェオレ	un thé au citron レモンティー	un chocolat ココア
une bière ビール	un jus d'orange オレンジジュース	

Dialogue 2 1.2 **Dans le Quartier latin**

Nathalie	: Salut Philippe. Ça va ?
Philippe	: Ça va et toi ?
Nathalie	: Ça va.
Philippe	: Nathalie, voilà Aki.
Nathalie	: Bonjour Aki. Tu es étudiante ?
Aki	: Oui, je suis étudiante au Conservatoire.
Philippe	: Elle est pianiste.
Nathalie	: Tu es japonaise ?
Aki	: Oui, je suis japonaise. Je suis de Tokyo.
Philippe	: Elle est à Paris depuis un mois.

▶ le Quartier latin
カルティエ・ラタン
パリのセーヌ左岸の学生街

▶ ça va 元気です

▶ tu, toi (君) を使うのは親しい口調

▶ Conservatoire 国立音楽学校

Grammaire

主語人称代名詞 *Pronoms personnels sujet*

	単数	複数
1人称	**je** 私は	**nous** 私たちは
2人称	**tu** きみは	**vous** あなたは／きみたちは
3人称	**il** 彼は／それは	**ils** 彼らは／それらは
	elle 彼女は／それは	**elles** 彼女らは／それらは

動詞 être の活用 018

être (= 英 be)			
je	**suis**	nous	**sommes**
tu	**es**	vous	**êtes**
il	**est**	ils	**sont**
elle	**est**	elles	**sont**

Je suis étudiant(e). 私は学生です. Philippe est à Paris. フィリップはパリにいる.

2人称の tu と vous の使い方 *Tutoiement et vouvoiement*

tu は単数. 家族, 友人, 学生同士など親しい関係の時に用いる.

vous は単数と複数. 単数の意味では, ごく一般的な関係で用いる.

前置詞と定冠詞の縮約 *Articles contractés*

(前置詞 à や de の後に定冠詞の男性形と複数形が来る場合には次のように縮まる.)

à + 定冠詞

(**à** + **le**)	→	**au**	un café **au** lait	カフェオレ
(**à** + **les**)	→	**aux**	une tarte **aux** pommes	リンゴのタルト

ただし à la, à l'(+ 母音) の場合は変わらない. à la mode, à l'université

de + 定冠詞

(**de** + **le**)	→	**du**	la capitale **du** Japon	日本の首都
(**de** + **les**)	→	**des**	l'École **des** Beaux-Arts	美術 (の)学校

ただし de la, de l'(+ 母音) の場合は変わらない.

* この des は, 不定冠詞の複数形とは違うので注意しましょう.

10

Exercices

1 動詞 être を適切な形に変えて (　　　) 内に入れましょう.
Complétez avec le verbe «être».

1. Nathalie (　　　　) journaliste. Louis (　　　　) médecin.
2. Philippe et Nathalie (　　　　) des amis d'enfance. Ils (　　　　) dans un café.
3. Tu (　　　　) lycéen ? ‐Non, je (　　　　) étudiant à l'Université de Lyon.
4. Vous (　　　　) japonais ? ‐Oui, nous (　　　　) à Paris depuis trois jours.

2 主語を指示に従って変え, 全文を書きかえましょう. *Transformez les phrases.*

1. Je suis étudiant. (わたしたちは) → ....
2. Il est japonais. (彼女たちは) → ....
3. Tu es musicien. (きみたちは) → ....
4. Elle est chanteuse. (彼らは) → ....

019 3 音声による自己紹介を聞いて, 名前, 職業, 国籍, 出身地, 現在地をメモしましょう. 発言していない箇所は斜線をひきましょう. *Écoutez et complétez le tableau.*

	名前	職業	国籍	出身地	現在地
1.	Nathalie			Bretagne	
2.	Philippe		français	Nancy	
3.	Aki		japonaise		

4 フランス語にしましょう. *Traduisez.*

1. ジル (Gilles) はサッカー選手です. 彼はマルセイユ (Marseille) にいます.
2. 私たちは音楽家 (musiciens) です. 私たちは 3 カ月前からパリにいます.

VOCABULAIRE

職業 (Les professions)

journaliste ジャーナリスト   lycéen(ne) 高校生   étudiant(e) 学生   avocat(e) 弁護士
fonctionnaire 公務員   styliste デザイナー   professeur 教師   ingénieur エンジニア
cuisinier (cuisinière) 料理人   chef cuisinier シェフ   médecin 医者   dentiste 歯医者
pâtissier (pâtissière) 菓子職人   architecte 建築家   employé(e) de bureau 会社員
chanteur (chanteuse) 歌手   acteur (actrice) 俳優   musicien(ne) 音楽家
sportif (sportive) スポーツ選手   footballeur (footballeuse) サッカー選手
homme (femme) au foyer 主夫 (主婦)

○020 これだけ覚えてフランスへ行こう ✈

Voici Marie.
ヴォワシ　マリ
こちらはマリさんです

Bonjour,
je suis étudiante.
ボンジュール
ジュスイ　エテュディアント
こんにちは，私は学生です

Bonjour. Je m'appelle
Nathalie.
ボンジュール　ジュマペル
ナタリ
はじめまして，
ナタリーといいます

Enchanté. Je suis Paul.
アンシャンテ
ジュスイ　ポール
はじめまして．ポールです

Comment
allez-vous ?
コマンタレヴ
お元気ですか

Très bien, merci.
トレビヤン　メルシ
元気にやってます

Qu'est-ce que c'est ?
ケスクセ
これは何ですか

C'est un cadeau
du Japon.
セタンカドー　デュ　ジャポン
日本のプレゼントです

余裕があったら覚えよう

Bonne journée !　よい一日を
Bon week-end !　よい週末を
À demain !　また明日

Bonne soirée !　よい晩を
À bientôt !　また近いうちに
À la semaine prochaine !　また来週

Bonne nuit !　おやすみ
À plus (tard) !　また後で

021 もっと話したい！

Qu'est-ce que c'est ?
これは何

C'est une tarte aux pommes.
リンゴのタルトよ

1. C'est un pain au chocolat.　チョコパン
2. C'est un millefeuille.　ミルフィーユ
3. Ce sont des macarons.　マカロン
4. Ce sont des éclairs.　エクレア

Il est professeur ?
彼は教師なの

Non, il est étudiant.
いえ，学生です

1. journaliste　ジャーナリスト
2. médecin　医者
3. acteur　俳優
4. chanteur　歌手

もっと知りたい

Vous‿êtes étudiant ?

リエゾン（liaison）

ふだん読まない語末の文字を，次にくる母音と一緒に読むのがリエゾン．

deux‿enfants（二人の子供）　ドゥ・アンファンではなく，ドゥ・**ザ**ンファン．

-s, -x は [z], -d は [t] の音になります．

Les‿Alpes（アルプス山脈）レ・**ザ**ルプ．

un のリエゾンでは，アンの後に [n] の音がでます．un‿homme はアン・ノム

エリジヨン（élision）

le+étudiant が l'étudiant のように le → l' となるのをエリジヨンといいます．

これも次に母音が来るときの現象．これが起きるのは ce, de, le, la, je（これから習う me, te, se, ne, que）のあとに母音や無音の h で始まる語が来るときと，il, ils の前の si（＝英 if）だけです．

さあ，フランスへ旅立とう
新しい言葉は新しい世界を開く

022 I La France

« Douce France, cher pays de mon enfance...»

Charles Trenet

ロワール川沿いの城のなかでも，その支流
にまたがるシュノンソー城は瀟洒そのもの．
城主がしばしば女性だったことから「貴婦
人たちの城」とも呼ばれる．

アルプスのモンブラン (Mont Blanc)．標高
4807 m．フランスとイタリアの国境にそび
えるヨーロッパの最高峰だ．

La France a[1] la forme d'un hexagone. Paris est la capitale de la France. Les grandes villes françaises sont Lyon, Marseille, Nice, Bordeaux, Toulouse, Strasbourg, Lille, Montpellier et Nantes.

La Seine, la Loire, la Garonne et le Rhône sont des fleuves français. Les montagnes (le Jura, les Vosges, les Alpes et les Pyrénées) et les mers (la Méditerranée, l'océan Atlantique et la Manche) entourent[2] la France. Ce sont les frontières naturelles du pays.

La Corse est une île française. Il y a[3] aussi des îles françaises dans le Pacifique comme Tahiti ou la Nouvelle-Calédonie. La Guadeloupe et la Martinique sont des îles françaises dans la mer des Caraïbes.

1) a (avoir) 〜を持つ
2) entourent 囲む
3) il y a 〜が存在する

オンフルール (Honfleur)．セーヌ川の河口．ノルマ
ンディーの港町．印象派の絵画作品によってもそ
の旧港の美しさは不滅のものになった．

「美しきフランス，幼き日々の我がふるさと」

シャルル・トレネ（1913-2001．仏の国民的シンガーソングライター）

　フランスの国土面積は日本のおよそ1.5倍の54万7千km²．人口は日本の半分強の6700万人．フランス本土の形はほぼ六角形なので hexagone（六角形）と呼ばれることもある．海や山脈が周囲を囲み，その内側は概しておだやかな平野，丘陵からなる．河は流れがゆるやかで，水量も豊富．運河をたどってフランス一周もできる．行政的には101の県からなり，そのうち海外県が5つを占める．南米大陸にあるギアナ，カリブ海の島，マルティニックとグアドループ，インド洋の島レユニオンなどである．p. 101の地図を参照のこと．

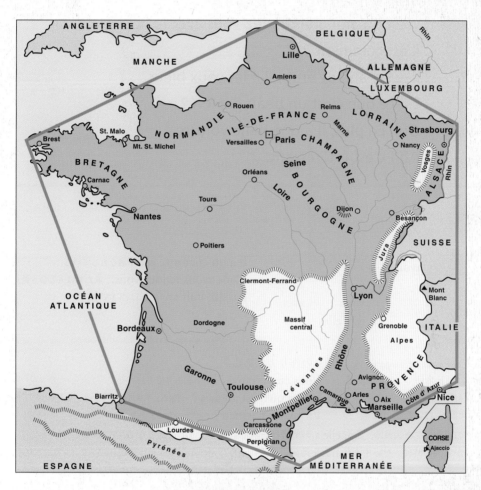

Vrai ou faux ?

		vrai	faux
1.	La France a la forme d'un triangle.	☐	☐
2.	Paris est la capitale de la France.	☐	☐
3.	Barcelone est une grande ville française.	☐	☐
4.	Le Rhône est un fleuve français.	☐	☐

Le saviez-vous?

Le mot « jurassique » est dérivé de Jura.

Unité 2

 **Dialogue 1** | *2.1* **Les deux amis au téléphone**

023

Philippe	: Allô ? … Salut John, où es-tu ? … Ah, tu es dans le bus.
	Moi, je suis au café avec Nathalie… À tout à l'heure.
Nathalie	: C'est qui, John ?
Philippe	: C'est un ami. J'ai rendez-vous avec lui ici.
Nathalie	: Il est comment ?
Philippe	: Il est grand et brun. Il a les yeux bleus.
Nathalie	: Est-ce que c'est un beau garçon ?
Philippe	: Oui. En plus, il a une belle voiture.
Nathalie	: Ah ! c'est intéressant.

▶ c'est qui ? 誰ですか？

▶ avoir les yeux ＋色
目が～色だ

Grammaire

024

avoir (= 英 have)			
j'	**ai**	nous	**avons**
tu	**as**	vous	**avez**
il / elle	**a**	ils / elles	**ont**

Il a un château. 彼はお城をもっている．
Nous avons rendez-vous. 私たちは人と会う約束がある．
J'ai dix-huit ans. 私は18才です．

疑問文 *Phrases interrogatives* 3 通りの作り方がある．
 1. イントネーションによる Vous êtes étranger ? 外国の方ですか？
 2. Est-ce que をつける Est-ce qu'il est anglais ? 彼はイギリス人ですか？
 3. 倒置をおこなう Êtes-vous parisien ? パリの方ですか？

▶ que の後が母音の
場合qu'となる．

 倒置の場合は - を入れる．il a, elle a の倒置はそれぞれ a-t-il, a-t-elle となる．
 主語が名詞の時は，対応する代名詞を動詞の後ろに補う． John est-il américain ? ジョンはアメリカ人なの？

形容詞 *Adjectifs* 形容詞は結びつく名詞・代名詞の性・数に応じて形が変わる．

	男性形	女性形
単数	grand	grande
複数	grands	grandes

Il est grand. Elle est grande. 彼は／彼女は，背が高い
Ils sont grands. Elles sont grandes. 彼らは／彼女らは，背が高い

 形容詞は一般に名詞の後におく． un étudiant intelligent 聡明な学生
 よく使う短い形容詞（grand, petit, bon, beau など）は前におく． une grande maison 大きな家

人称代名詞の強勢形 *Pronoms toniques*

moi	(je)	**nous**	(nous)
toi	(tu)	**vous**	(vous)
lui	(il)	**eux**	(ils)
elle	(elle)	**elles**	(elles)

 1. 主語の強調 Moi, je suis architecte. 私，建築家です．
 2. c'est の後 C'est vous ? - Oui, c'est moi.
   あなたなの？—ええ，私です．
 3. 前置詞の後 J'ai rendez-vous avec lui. 彼と会う約束がある．

16

Exercices

❶ （　　）内に動詞 être か avoir の適切な形を入れて文を完成させましょう.
Complétez avec le verbe «être» ou «avoir».

1. Tu (　　) une moto ? – Oui, j' (　　) une moto rouge.
2. (　　)-vous un compte Facebook ? – Oui, un compte Twitter aussi.
3. Philippe (　　) les yeux bleus ? – Non, il (　　) les yeux gris.
4. Est-ce qu'il (　　) beau ? – Oui, il (　　) beau et gentil.

❷ 例にならい, 名詞に（　　）内の形容詞をつけた文を作りましょう. *例外に気をつけること.
Transformez les phrases.

例 Ils ont une maison. (grand) → C'est une grande maison.
　　彼らは家を持っている → それは大きな家だ

1. J'ai un appartement. (petit) →
2. Nous avons une voiture. (beau) →
3. Ils ont un chat. (noir) →
4. Elle a des lunettes. (rose) →

❸ 025 026 音声を聞いて, それが下の表の誰のことか考えましょう. *Écoutez et complétez le tableau.*

例 Elle est (grande) et blonde. Elle a les yeux verts. C'est qui ?
– C'est Nathalie. Elle est journaliste.

名前 prénom	**Nathalie** (例)	**John** (　)	**Théo** (　)	**Aki** (　)	**Michel** (　)
背 taille	(grande)	(　　　)	petit	(　　　)	(　　　)
髪の色 cheveux	blonde	brun	(　　　)	brune	blond
目の色 yeux	verts	bleus	gris	noirs	(　　　)
職業 profession	journaliste	artiste	professeur	musicienne	acteur

❹ フランス語にしましょう. *Traduisez.*

1. あなたはどこにいるの？ —わたしはモンパルナス駅 (gare (*f.*) Montparnasse) にいます.
2. 質問 (question (*f.*)) はありますか？ —はい, ひとつ質問があります.

VOCABULAIRE 色 (Les couleurs) ／身体の特徴 (Les caractéristiques physiques)

bleu(e) 青い　　blanc (blanche) 白い　　rouge 赤い　　vert(e) 緑の　　noir(e) 黒い　　jaune 黄色の
rose ピンクの　　gris(e) 灰色の　　violet(te) 紫の　　marron 栗色の　　blond(e) 金髪の　　brun(e) 褐色の
petit(e) 背が低い　　grand(e) 背が高い　　gros (grosse) 太っている　　mince ほっそりとしている
beau (belle) 美しい　　gentil (gentille) 優しい　　sympathique 感じがいい　　intelligent(e) 頭のよい
sérieux (sérieuse) 真面目な　　timide 引っ込み思案な　　jeune 若い　　âgé(e) 年とった

Dialogue 2 2.2 **Un Anglais à Paris**

Nathalie : Est-ce que John est américain ?

Philippe : Non, il n'est pas américain. Il est anglais.

Nathalie : Il est riche ?

Philippe : Oui, très riche : il a un château dans le Midi.   ▶ le Midi
                                                                 南フランス

Nathalie : Il est marié ?

Philippe : Non, il n'est pas marié. Il n'a pas de copine.

Nathalie : Ah bon ! Est-ce qu'il est jeune ? Il a quel âge ?

Philippe : Il a cinquante ans.   ▶ avoir + 数 + ans
                                     ～歳だ

Nathalie : Ah ! c'est dommage !

Grammaire

否定文 *Négation*　**ne (n')... pas**

作り方：動詞の部分を ne と pas ではさむ.

▶動詞が母音で始まっている場合は，ne はエリジョンして n' となる.

Ce n'est pas ～　「それは～ではありません」　Ce n'est pas une table.　それはテーブルではありません.

Ce ne sont pas ～「それらは～ではありません」Ce ne sont pas des chaises. それらは椅子ではありません.

être の否定形					
je	ne suis	pas	nous	ne sommes	pas
tu	n'es	pas	vous	n'êtes	pas
il	n'est	pas	ils	ne sont	pas
elle	n'est	pas	elles	ne sont	pas

avoir の否定形					
je	n'ai	pas	nous	n'avons	pas
tu	n'as	pas	vous	n'avez	pas
il	n'a	pas	ils	n'ont	pas
elle	n'a	pas	elles	n'ont	pas

否定の de (d')

直接目的補語につく不定冠詞は否定文中では de (d') になる.

Tu as des frères et sœurs ?　　-Je n'ai pas **de** frères, mais j'ai une sœur.
兄弟・姉妹はいるの？　　　　　　兄弟はいないけど，姉（妹）がいます.

Vous avez des enfants ?　　　　-Non, je n'ai pas **d'**enfants.
お子さんはいますか？　　　　　　子供はおりません.

数字を覚えよう　21～60

21 vingt et un	22 vingt-deux	23 vingt-trois	24 vingt-quatre	30 trente
31 trente et un	32 trente-deux	40 quarante	50 cinquante	60 soixante

Exercices

1 ( ) に適切な不定冠詞 (un, une, des) か, 否定の de を入れましょう.
Complétez avec l'article indéfini.

1. Est-ce que Sophie a (　　) frères ?
   – Non, elle n'a pas (　　) frères. Elle a (　　) sœur.

2. Avez-vous (　　) ordinateur ?
   – Non, je n'ai pas (　　) ordinateur. Mais j'ai (　　) tablette.

3. J'ai (　　) cousin. Il est marié avec une Française.

4. Tu as (　　) chat ? – Oui, j'ai (　　) petit chat blanc.

2 例にならい, 問いに対して「いいえ～ではなく, ～です」と答えましょう. *Répondez négativement.*

例　Vous êtes chinoise ? [coréen] – Non, je ne suis pas chinoise, je suis coréenne.

1. Vous êtes française ? [italien]

2. Tu es anglaise ? [américain]

3. Elle est espagnole ? [allemand]

4. Ils sont japonais ? [coréen]

029 **3** 音声を聞いて, 年齢を聞き取りましょう.
Écoutez et écrivez l'âge.

1. Il a quel âge, Hugo ? – Il a (　　) ans.

2. Tu as quel âge ? – J'ai (　　) ans.

3. Quel âge avez-vous ? – J'ai (　　) ans.

4. Florence a quel âge ? – Elle a (　　) ans.

国・地域名とその形容詞
(Les nationalités)

仏	la France	français(e)
英	l'Angleterre	anglais(e)
米	les États-Unis	américain(e)
独	l'Allemagne	allemand(e)
伊	l'Italie	italien(ne)
西	l'Espagne	espagnol(e)
日	le Japon	japonais(e)
中	la Chine	chinois(e)
韓	la Corée	coréen(ne)
欧	l'Europe	européen(ne)
亜	l'Asie	asiatique

4 フランス語にしましょう. *Traduisez.*

1. マキコのお父さんは45歳です. 彼は医者です.

2. 私には姉がひとりいます. 彼女は25歳です. 彼女は結婚していません.

VOCABULAIRE　　　　家族 **(La famille)**

père(*m.*) 父	mère (*f.*) 母	parents (*m. pl.*) 両親	enfant (*m.*) 子供
fils (*m.*) 息子	fille (*f.*) 娘	frère (*m.*) 兄弟	sœur (*f.*) 姉妹
oncle (*m.*) おじ	tante (*f.*) おば	cousin (*m.*) 従兄弟	cousine (*f.*) 従姉妹
grand-père (*m.*) 祖父	grand-mère (*f.*) 祖母	mari (*m.*) 夫	femme (*f.*) 妻
célibataire 独身の	marié(e) 既婚の	divorcé(e) 離婚した	

Unité 2

030 これだけ覚えてフランスへ行こう ✈

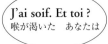

> J'ai soif. Et toi ?
> 喉が渇いた　あなたは

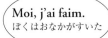

> Moi, j'ai faim.
> ぼくはおなかがすいた

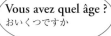

> Vous avez quel âge ?
> おいくつですか

> J'ai vingt ans.
> 20才です

> Tu as un chien ?
> 犬を飼ってるの

> Non, je n'ai pas de chien.
> いいえ，飼っていません

> Qui est-ce ?
> あの人は誰

> C'est John.
> Il est anglais.
> あれはジョンさん
> イギリス人だよ

余裕があったら覚えよう

J'ai sommeil. 私は眠い　　　J'ai peur. 恐い　　　J'ai chaud / froid. 暑い／寒い（と感じる）

J'ai faim. おなかがすいた　　　J'ai soif. のどが渇いた　　　J'ai besoin de ... ～が必要だ

J'ai mal à la tête. 頭が痛い　　　J'ai mal au ventre / dos. 腹／背中が痛い

J'ai mal aux dents / à la gorge. 歯／のどが痛い

Je suis enrhumé / fatigué. 風邪をひいている／疲れている

Moi aussi. 私も（前の文が肯定形のとき）　　　Moi non plus. 私も（前の文が否定形のとき）

031 もっと話したい！

Qu'est-ce que vous avez ?
どうなさいましたか

J'ai mal aux jambes.
脚が痛いんです

1. aux yeux 　　眼
2. au ventre 　　腹
3. à la tête 　　頭
4. aux épaules 　肩

Il est comment,
ton petit ami ?
彼はどういう人

Il est beau.
ハンサム

1. intelligent 　頭がいい
2. sympa 　　　いいひと
3. gentil 　　　やさしい
4. timide 　　　シャイ

Moi, je suis
mignon !

もっと知りたい

形容詞の女性形の作り方 *Féminin des adjectifs*

1. e をつける 　　　（原則）
2. 男女同形 　　　　difficile 難しい
3. eux → euse 　　　heureux → heureuse 幸せな
4. f → ve 　　　　　neuf → neuve 新品の
5. er → ère 　　　　étranger → étrangère 外国の
6. 子音を重ねる 　　ancien → ancienne 昔の　bon → bonne
　　　　　　　　　　よい　naturel → naturelle 自然な
7. その他 　　　　　beau → belle 美しい　nouveau → nouvelle
　　　　　　　　　　新しい　vieux → vieille 古い

複数形の作り方 *Pluriel des noms*

1. s をつける 　（原則）
2. -s, -x, -z は単複同形 　　bras 腕　nez 鼻　malheureux 不幸な
3. -eau, -au, -eu, -ou → x をつける 　　　château → châteaux 城
4. -al, ail → -aux 　　　journal → journaux 新聞　travail → travaux 仕事, 工事（複数の場合）

Le corps

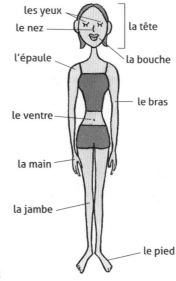

les yeux
le nez
la tête
l'épaule
la bouche
le bras
le ventre
la main
la jambe
le pied

セーヌ川の岸をそぞろ歩こう
ほら，パリの恋人たちも集まってくる

032 **II Paris**

« *Sous le pont Mirabeau coule la Seine...* »

Guillaume Apollinaire

ノートルダム大聖堂は 1116 年に着工され，1345 年に完成した初期ゴシック建築の傑作．らせん階段を上がっていけば，ガーゴイルも間近に見ることができる．

ボックスを並べたセーヌ川名物の古本屋 (bouquinistes)．ポン・ヌフの近くの左岸に多く並んでいる．掘り出し物が見つかるかも．

Paris est la capitale de la France. C'est le centre politique, administratif et culturel de la France. C'est aussi le premier centre financier, commercial et industriel du pays. Paris est aussi le siège de plusieurs organismes internationaux comme l'UNESCO ou l'OCDE[1].

La Seine traverse Paris d'est en ouest[2]. Elle divise[3] Paris en trois grandes zones : sur la rive gauche, le quartier des étudiants ou « Quartier latin » avec la vieille université de la Sorbonne ; sur la rive droite, le quartier des affaires et de l'administration ; sur l'île de la Cité, le centre religieux avec la cathédrale Notre-Dame.

Paris a beaucoup de musées importants comme le musée du Louvre, le musée d'Orsay et le musée d'Art moderne du centre culturel Georges Pompidou.

1) Organisation de Coopération et de Développement Economique. 経済協力開発機構（OECD）
2) traverse Paris d'est en ouest パリを東から西へ流れる
3) divise 〜に分ける

「ミラボー橋の下，セーヌは流れる…」

ギョーム・アポリネール（1880-1918. 詩人）

　光の都パリ．街の中心をセーヌ川が流れる．その歴史もまたセーヌの中州であるシテ島に始まる．セーヌの北が右岸，南が左岸と呼ばれる．現在の人口はおよそ225万人．イル・ド・フランス地方と呼ばれる首都圏全体では1200万人を数える．世界中から有名無名の人々が訪れるヨーロッパ随一の観光都市であると同時に，ユネスコの本部などを擁する国際政治の中心のひとつである．ほぼ楕円形をしたパリ市には20の区があり，中心から時計まわりに1区〜20区と番号がふられている．

Il y a aussi beaucoup de monuments historiques et de sites touristiques célèbres : la basilique du Sacré-Cœur à Montmartre, l'Arc de triomphe sur la place de l'Étoile, l'Opéra, l'avenue des Champs-Elysées, et bien sûr la tour Eiffel, symbole de Paris.

エッフェル塔．1889年のパリ万博に際して建設された当時は非難の的となった．

ポンピドゥー・センター．1977年に開設された現代芸術の殿堂．この工場のような建物の中に大規模な現代美術館があり，ピカソ以降の膨大なコレクションで知られる．印象派など19世紀絵画はオルセー美術館に所蔵されている．

入り口のガラスのピラミッドがシンボルのルーヴル美術館．

Vrai ou faux ?

	vrai	faux
1. Paris est le centre économique de la France.	☐	☐
2. Paris est le siège de l'UNESCO.	☐	☐
3. Le quartier des affaires est sur la rive droite de la Seine.	☐	☐
4. L'Opéra est un grand musée de Paris.	☐	☐

Le saviez-vous?

Le musée du Louvre est un ancien palais royal.

Unité 3

Dialogue 1 | ## 3.1 À la boutique du musée

033

Le vendeur	: Bonjour mademoiselle, vous cherchez quelque chose ?
Nathalie	: Oui, je cherche un petit cadeau pour un ami artiste.
Le vendeur	: Il y a ce très beau livre sur l'histoire de l'art.
Nathalie	: 120 euros ! Non, c'est trop cher.
Le vendeur	: Sinon, il y a cette jolie cravate. Elle est originale.
Nathalie	: C'est vrai. J'aime beaucoup cette couleur. C'est combien ?
Le vendeur	: 75 euros.
Nathalie	: Très bien. Je voudrais aussi ce stylo pour moi.
	Ça fait combien en tout ?
Le vendeur	: 85 euros.

▶ ça fait combien en tout
全部でいくらになるか

Grammaire

第1群規則動詞（-er 動詞） *Verbes réguliers en -er*

034

chanter			
je	chante	nous	chant**ons**
tu	chant**es**	vous	chant**ez**
il	chante	ils	chant**ent**
elle	chante	elles	chant**ent**

arriver			
j'	arrive	nous	arriv**ons**
tu	arriv**es**	vous	arriv**ez**
il	arrive	ils	arriv**ent**
elle	arrive	elles	arriv**ent**

指示形容詞 *Adjectifs démonstratifs*

男性単数形	女性単数形	複数形
ce (cet)	**cette**	**ces**

「この・その・あの」
名詞の性数に応じて変化する

ce monsieur　この方（男性）　　**cette** dame　この方（女性）　　**ces** gens　この人たち
母音（＋無音の h）で始まる男性名詞単数の前では cet をつかう．　　**cet** homme　この男

035

数字を覚えよう 61〜1000

61 soixante et un	62 soixante-deux	70 soixante-dix
71 soixante et onze	72 soixante-douze	80 quatre-vingts
81 quatre-vingt-un	82 quatre-vingt-deux	90 quatre-vingt-dix
91 quatre-vingt-onze	92 quatre-vingt-douze	99 quatre-vingt-dix-neuf
100 cent	200 deux cents	1000 mille

✦→ *Exercices* ←✦

❶ ( ) 内の動詞を適切な形に変えて，訳しましょう. *Conjuguez les verbes puis traduisez.*

1. Julien (jouer) toujours aux jeux vidéo.

2. Vous (parler) anglais ? – Oui, un peu. Je (parler) aussi italien.

3. Tu (aimer) les crêpes ? – Oui, j'(adorer) ça.

4. Cette actrice (chanter) bien ? – Non, elle (chanter) mal.

❷ 例にならって答えましょう. *Répondez comme dans l'exemple.*

例　Où habitez-vous ? (Tokyo)

　　–J'habite à Tokyo.

1. Où habites-tu ? (Bordeaux)

2. Où est-ce qu'il travaille ? (les États-Unis)

3. Où est-ce que vous voyagez ? (l'Italie)

4. Il étudie où, François ? (le Japon)

場所の表現

au Japon 日本で（へ）

en France フランスで（へ）

aux États-Unis 合衆国で（へ）

à Londres ロンドンで（へ）

chez moi 私の家で（へ）

* 前置詞は，男性名詞の国は au，女性の国は en，複数の国は aux．都市は à を用いる.

036 **❸** 音声を聞いて，値段を聞き取り数字で書きましょう（値段の聞き方も覚えましょう）．

Écoutez et écrivez le prix.

C'est combien ?

parfum (*m.*)　　　　tableau (*m.*)　　　　bouteille (*f.*)　　　lunettes de soleil (*m. pl.*)

1. (　　) euros　　2. (　　) euros　　3. (　　) euros　　4. (　　) euros

❹ フランス語にしましょう. *Traduisez.*

1. あなたはこの歌が好きですか？（主語 vous で）—ええ，とても.

2. きみはフランス語を話しますか？（主語 tu で）—ええ，少し.

VOCABULAIRE　　文具 (La papeterie) ／店 (Les magasins)

enveloppe (*f.*) 封筒	lettre (*f.*) 手紙	papier (*m.*) 紙	agenda (*m.*) 手帳	crayon (*m.*) 鉛筆
gomme (*f.*) 消しゴム	livre (*m.*) 本	stylo (*m.*) ペン	cahier (*m.*) ノート	journal (*m.*) 新聞
magazine (*m.*) 雑誌	trousse (*f.*) 筆入れ	boutique (*f.*) ブティック		librairie (*f.*) 本屋
pharmacie (*f.*) 薬局	épicerie (*f.*) 食料品店	grand magasin (*m.*) デパート	supermarché (*m.*) スーパー	

Dialogue 2 · 3.2 **La jolie robe**

037

Aki	: Il est chouette, ton pull. Tu achètes où tes vêtements ?
Nathalie	: À Saint-Michel. Mais, toi aussi, tu as une jolie robe.
Aki	: Ça, c'est un cadeau de ma mère. Elle choisit toujours des vêtements trop classiques.
Nathalie	: Mais non. Elle est très bien, cette robe.
Aki	: Je commence à avoir faim. Tu n'as pas faim, toi ?
Nathalie	: Si. On déjeune ensemble ?
Aki	: D'accord. Qu'est-ce qu'on mange ?
Nathalie	: Chez moi, il y a du poisson et des légumes.
Aki	: C'est parfait. Alors, on achète du pain et du vin.

▶ classique 定番の

▶ si 否定の疑問文に
肯定的に答える場合
▶ qu'est-ce que 何を

Grammaire

第2群規則動詞（-ir 動詞）*Verbes réguliers en -ir*

038

choisir

je	choisis	nous	choisissons
tu	choisis	vous	choisissez
il	choisit	ils	choisissent
elle	choisit	elles	choisissent

所有形容詞 *Adjectifs possessifs* ＊後ろにくる名詞の性数に応じて変化する

	男性単数	女性単数	複数
私の	**mon**	**ma (mon)**	**mes**
君の	**ton**	**ta (ton)**	**tes**
彼(女)の／それらの	**son**	**sa (son)**	**ses**
私たちの	**notre**		**nos**
あなた(方)の	**votre**		**vos**
彼(女)らの／それらの	**leur**		**leurs**

mon frère   **ma** sœur   **mes** enfants
mon ami   **mon** amie   **mes** amis
notre ami   **notre** amie   **nos** amis

▶ 女性単数形が母音の前で使われるときは
mon amie のように mon, ton, son を使う

部分冠詞 *Articles partitifs* 名詞を数えられないものとして，そのいくらかの量をしめす．

男性形	女性形
du (de l')	**de la (de l')**

Je mange **du** poisson.   J'aime le poisson.
魚を食べる．   魚が好き．
Vous mangez **de la** viande ?   La viande, c'est bon.
肉を食べますか？   肉はおいしい．

母音で始まる名詞の前では de l' を使う．   **de l'**argent, **de l'**eau   お金，お水
否定文では de となる（p. 18 参照）．   Vous n'avez pas **de** monnaie ?   小銭はありませんか？

Exercices

1 動詞を適切に活用し，〔　　〕には主語に対応する所有形容詞（君の，あなたの）を入れましょう.
Conjuguez les verbes et complétez avec les adjectifs possessifs.

1. Qu'est-ce que tu (choisir) comme cadeau pour [　　] maman ?

2. Tu ne (finir) pas [　　] jus d'orange ? ‒Non, je n'ai plus* soif.

  *ne...plus もう〜ない

3. Vous (réfléchir) sur [　　] avenir ?

4. Vous ne (finir) pas [　　] devoirs ? ‒C'est déjà fini !

2 （　　）に部分冠詞または，否定の de を入れましょう.
Complétez avec l'article partitif.

1. Vous avez (　　) monnaie (f.) ? ‒Désolé, je n'ai pas (　　) monnaie.

2. Il a (　　) talent (m.), mais il n'a pas (　　) chance.

3. (　　) eau, s'il vous plaît. ‒Une carafe d'eau ? Oui, tout de suite.

4. Il y a encore (　　) vin (m.) ? ‒Non, il n'y a plus (　　) vin.

039
040
3 音声を聞いて，絵のどの人物のことを言っているのか答えましょう. *Qui est-ce ?*

亜紀（　　　）　　社長（　　　）　　侯爵夫人（　　　）　　フィリップ（　　　）
Aki　　　　　　　P.-D.G.　　　　Mᵐᵉ la Marquise　　Philippe

*marron 栗色の

4 フランス語にしましょう. *Traduisez.*

1. お父さんには，何をプレゼントに選ぶのですか？ (主語 vous で)
  —この赤いセーターを選びます.

2. まだパンはありますか？ —いいえ，パンはもうありません. (il y a を使う)

VOCABULAIRE　　　服 (Les vêtements et accessoires)

jupe (f.) スカート	chemisier (m.) ブラウス	robe (f.) ドレス	chemise (f.) シャツ
manteau (m.) コート	veste (f.) ジャケット	pantalon (m.) ズボン	pull (m.) セーター
costume (m.) スーツ	gants (m. pl.) 手袋	sac (m.) バック	chapeau (m.) 帽子
cravate (f.) ネクタイ	chaussures (f. pl.) 靴	bottes (f. pl.) ブーツ	ceinture (f.) ベルト
collier (m.) ネックレス	boucles d'oreille (f. pl.) イヤリング	porter 着ている，身につけている	

041 これだけ覚えてフランスへ行こう ✈

> **Où habitez-vous ?**
> どこに住んでいるの

> **J'habite à Kyoto.**
> 京都に住んでいます

> **C'est combien ?**
> いくらですか

> **C'est deux euros.**
> 2 ユーロです

> **Pardon,**
> **c'est votre valise ?**
> すみません．あなたの
> スーツケースですか

> **Oui, c'est ma valise.**
> はい，そうです

> **Merci, madame.**
> ありがとうございます

> **Je vous en prie.**
> どういたしまして

余裕があったら覚えよう

J'ai une question.　質問があります

Qu'est-ce que ça veut dire « apprendre » ?　– Ça veut dire « narau ».
apprendre はどういう意味ですか．　　　　　　　　— それは「習う」という意味です

Comment on dit « arigato » en français ?　– On dit « merci ».
「ありがとう」はフランス語でどう言うのですか．　　— merci と言います

Vous comprenez ?　わかりますか　　　　　　Je ne comprends pas.　わかりません

Je ne sais pas.　知りません　　　　Plus lentement, s'il vous plaît.　もっとゆっくりお願いします

28

⓪42 もっと話したい！

Qui est-ce ?
こちらはどなた

C'est ma petite amie.
ぼくの彼女です

1. mon père　　私の父
2. ma sœur　　私の姉妹
3. mon frère　　私の兄弟
4. ma mère　　私の母

Qu'est-ce que vous cherchez, madame ?
何をお探しですか

Je cherche une robe blanche.
白いドレスを探しています

1. une veste beige
　　ベージュのジャケット
2. un sac noir
　　黒いカバン
3. une chemise bleue
　　青いシャツ
4. un pantalon gris
　　グレイのパンツ

もっと知りたい

疑問のまとめ　*Interrogatifs*

Qui ? 誰？　　**Où ?** どこ？　　**Pourquoi ?** なぜ？　　**Comment ?** どのように？
Quoi ? 何？　　**Quand ?** いつ？　　**Combien ?** いくつ・いくら？

Qui est-ce ?　C'est qui ?　それは誰？　　Avec qui ? 誰と一緒に？
Qu'est-ce que c'est ?　C'est quoi ? それは何？（quoi は que の強勢形）

	主語（が）	直接目的補語（を）
誰	**qui est-ce qui / qui**	**qui est-ce que / qui**
何	**qu'est-ce qui**	**qu'est-ce que / que**

Qui est-ce qui chante ?　　**Qui** chante ? 誰が歌っているの？
Qu'est-ce qui ne va pas ? 何がうまく行かないの？
Qui est-ce que tu cherches ?　　**Qui** cherches-tu ?　Tu cherches **qui** ? 誰を探しているの？
Qu'est-ce que tu regardes ?　　**Que** regardes-tu ?　Tu regardes **quoi** ? 何を見ているの？

カフェで道行くひとを眺める悦楽
待ち合わせはサン・ジェルマン・デ・プレで

043 **III** ## Les cafés

« On change plus facilement de religion que de café. »

Georges Courteline

数あるパリのカフェのなかで, 最も古いのが創業 1686 年のプロコープ. 詩人ラ・フォンテーヌ, 哲学者ヴォルテール, さらにはナポレオンまで, フランス史を彩る多彩な顔ぶれがここに通った. ただし現在はレストランとして営業している.

La ville de Paris compte beaucoup de cafés. Le café n'est pas seulement un endroit pour boire, c'est aussi un lieu de rendez-vous, de rencontre et de convivialité. Les rêveurs choisissent leur café pour regarder le spectacle de la rue. D'autres aiment lire ou écrire dans des cafés tranquilles. Ainsi, chaque café a sa clientèle d'habitués.

Il y a, par exemple, les cafés d'étudiants près des universités, les cafés d'ouvriers dans les quartiers populaires. Les amateurs de théâtre se retrouvent[1] depuis le XIXe siècle dans les cafés des environs de la place de l'Opéra, notamment dans le café de la Paix.

1860 年にオープンした由緒あるカフェ, フロール. 詩人のアポリネールやシュルレアリストが出入りしたのでも有名だ.

Quelques cafés historiques

Le « Procope » est le plus vieux[2] café de Paris. Fondé par[3] le Sicilien Procopio en 1686, il connaît tout de suite un grand succès auprès des acteurs de la Comédie-Française[4]. Il devient rapidement un lieu de rencontre littéraire et artistique. Parmi ses clients célèbres, il y a Napoléon, La Fontaine,

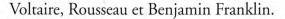

「行きつけのカフェを変えるよりは，宗教を変えるほうがたやすい」

ジョルジュ・クールトゥリーヌ（1858-1929．作家）

　パリの街並に欠かせないのがマロニエの樹とカフェ．歩道に半分張り出したテラスで友だちとお喋りしたり，本を読んだり手紙を書いたり，ぼんやり道行く人を眺めたり… 何時間いても飽きることはない．革命も恋も芸術もすべてカフェから生れると言われるほど，フランス人の生活に欠かせない空間だ．カウンターでの立ち飲みと，テラスで席に着くのでは同じコーヒーでも値段が違うのもフランス的合理主義（？）といえよう．

Voltaire, Rousseau et Benjamin Franklin.

　Le « Café de Flore » et « Les Deux Magots » sont deux cafés célèbres du quartier de Saint-Germain. Au début du XXe siècle, ils attirent les écrivains surréalistes, puis après la Seconde Guerre mondiale les existentialistes comme Jean-Paul Sartre.

1) se retrouver ～が集う　　2) 一番古い
3) ～によって始められた
4) 主として古典劇を上演するフランス国立劇場とその所属劇団．創設は1680 年．

サン＝ジェルマン＝デ＝プレは，パリで一番古い教会．その周辺には有名無名のカフェやレストラン，ブティック，映画館が並ぶ．夜が更けるほど賑やかになってくる華やかさと，教会の穏やかなたたずまいが調和した魅力的な界隈だ．

ドウ・マゴはフロールと並んでサン＝ジェルマン＝デ＝プレの象徴的カフェである．戦後，実存主義哲学者サルトルやボーヴォワールがここを書斎代わりに議論をかわしては原稿を書いたという．

Vrai ou faux ?

	vrai	faux
1. Il y a peu de cafés à Paris.	☐	☐
2. Chaque café a sa clientèle d'habitués.	☐	☐
3. Le Flore est le plus vieux café de Paris.	☐	☐
4. « Les Deux Magots » est une boulangerie de Saint-Germain.	☐	☐

Le saviez-vous?

Il existe aussi des cafés de philosophie et des cafés scientifiques.

Unité 4

4.1 Nathalie appelle un taxi

044

Le chauffeur	: Bonjour. Où allez-vous ?
Nathalie	: 5, boulevard Montparnasse, s'il vous plaît.
Le chauffeur	: Entendu, madame.
Nathalie	: Oh là là ! Il fait vraiment chaud aujourd'hui !
Le chauffeur	: Oui, mais d'après la météo, il va pleuvoir.
Nathalie	: J'ai l'habitude : en Bretagne, il pleut toute l'année.
Le chauffeur	: Ah, vous venez de Bretagne ?
Nathalie	: Oui. Mais maintenant, j'habite à Paris.
Le chauffeur	: Et qu'est-ce que vous faites à Paris ?
Nathalie	: Je suis journaliste. Je viens de commencer.

Grammaire

045

aller (= 英 go)		
je vais	nous	allons
tu vas	vous	allez
il va	ils	vont

venir (= 英 come)		
je viens	nous	venons
tu viens	vous	venez
il vient	ils	viennent

faire (= 英 do / make)		
je fais	nous	faisons
tu fais	vous	**faites**
il fait	ils	font

▶ faire の vous の活用は z ではなく s. faisons の発音はフェゾンではなく，フゾン.

Je vais en France.　フランスに行く.　　Nous allons chez le boulanger.　私達はパン屋に行く.
Il vient du Canada.　彼はカナダから来た.　　Tu viens d'où ?　あなたはどこから来たの？
Qu'est-ce qu'elle fait ?　彼女は何をしているの？　Je fais du ski.　私はスキーをする.

▶ aller と venir には本来の意味のほか助動詞的に近い未来と近い過去を示す用法が，faire には非人称用法がある.

近い未来 *Futur proche*　**aller** + 動詞の不定法「〜するところだ・するつもりだ」
Le train **va** partir dans dix minutes.　列車は10分後に出る.
Je **vais** finir mes devoirs cet après-midi.　今日の午後宿題を終えるつもりだ.

近い過去 *Passé récent*　**venir de** + 動詞の不定法「〜したばかりだ」
Je **viens d'**arriver.　いま着いたところです.

非人称主語 *Tournures impersonnelles*
Quel temps fait-il ?　天気はどうですか？　— Il fait beau.　良い天気です.

① （　）内の動詞を適切な形に変えて，訳しましょう. *Conjuguez les verbes.*

1. Où (aller)-tu ? – Je (aller) à l'université.
2. Où est-ce que vous (aller) cet été ? – Nous (aller) en France.
3. Vous (venir) d'où ? – Nous (venir) du Japon.
4. Qu'est-ce que vous (faire) dans la vie ? – Je suis ingénieur. Je travaille chez Renault.

② 1, 2 を近い未来の文に，3, 4 を近い過去の文に書きかえましょう.
Conjuguez les phrases 1 et 2 au futur proche et les phrases 3 et 4 au passé proche.

1. Nous visitons le musée d'Orsay.
2. Notre cours commence.
3. Je finis mon travail.
4. Elle fait des courses avec sa mère.

046 ③ 音声を聞いて，どこの天候か聞き取りましょう. *Écoutez et répondez.*

Quel temps fait-il aujourd'hui ? 今日の天気はどうですか？

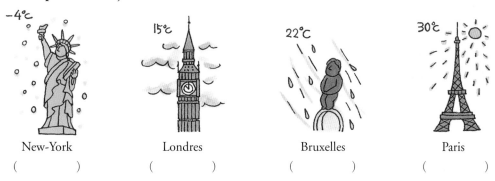

New-York (　　　　)   Londres (　　　　)   Bruxelles (　　　　)   Paris (　　　　)

④ フランス語にしましょう. *Traduisez.*

1. これから何をしようか？　一緒に外で (en ville) 夕飯を食べようか？
2. きみはこの夏どこへいくの？　—母とイギリスに行きます.

VOCABULAIRE　　天候 (Le temps) ／季節 (Les saisons)

Il fait beau (mauvais, chaud, froid, frais, doux, humide). 天気がいい（悪い，暑い，寒い，涼しい，暖かい，湿気がある）　Il y a des nuages (du vent, de l'orage, du soleil). 雲（風，雷雨，日差し）がある
Il pleut 雨が降る　Il neige 雪が降る　soleil (*m.*) 太陽　lune (*f.*) 月　température (*f.*) 温度
Il fait 20 ℃ / La température est de 20 ℃ 20度です　moins ... degré(s) マイナス〜度
(au) printemps (*m.*) 春　(en) été (*m.*) 夏　(en) automne (*m.*) 秋　(en) hiver (*m.*) 冬

33

Dialogue 2　*4.2* **Dans le taxi**

Nathalie	: Quelle heure est-il ?
Le chauffeur	: Il est midi et quart.
Nathalie	: Déjà ? Je vais être en retard.
Le chauffeur	: On va bientôt arriver. Voilà la gare Montparnasse.
Nathalie	: Continuez tout droit. Prenez la deuxième rue à gauche.
	Voilà ! C'est là, en face de cet immeuble. C'est combien ?
Le chauffeur	: 19 euros. Vous n'avez pas de monnaie ?
Nathalie	: Non. Tenez. Gardez le reste ! Au revoir.
Le chauffeur	: Merci, bonne journée, madame.

▶ gardez le reste
お釣りはとっておいて

Grammaire

命令法　*Impératif*
作り方：直説法現在の tu, nous, vous の活用から主語を取りのぞく（例外：avoir, être など）
▶ tu ...es で終わる動詞と aller では，語尾の s を取る．　tu continues → continue

prendre (= 英 take)					**prendre**	**continuer**	**aller**
je	prends	nous	prenons	(tu)	prends	continue	va
tu	prends	vous	prenez	(nous)	prenons	continuons	allons
il	prend	ils	prennent	(vous)	prenez	continuez	allez

Prenez la première rue à gauche.	最初の通りを左に行きなさい.
Continuez tout droit.	まっすぐ行きなさい.
Prenons un taxi.	タクシーに乗りましょう.（勧誘）
Ne mangez pas trop.	食べ過ぎないように.（否定命令）

時間の表し方　*L'heure*

Quelle heure est-il ?	何時ですか？	Vous avez l'heure ?	時間わかりますか？
Il est une heure.	1 時です.	Il est deux heures dix.	2 時10分です.
Il est trois heures et quart.	3 時15分です.	Il est quatre heures et demie.	4 時半です.
Il est cinq heures moins le quart.	5 時15分前です.	Il est six heures moins cinq.	6 時 5 分前です.
Il est midi.	正午です.	Il est minuit.	午前 0 時です.
À quelle heure tu arrives ?	何時に着く？	J'arrive à cinq heures.	5 時に着く.

序数　*Nombres ordinaux*「〜番目の」

1er(ère) premier(ère)	2e deuxième	3e troisième	4e quatrième	5e cinquième
6e sixième	7e septième	8e huitième	9e neuvième	10e dixième
21e vingt-et-unième (le XXIe siècle　21世紀)				

1 1, 2 は vous に対する命令文に，3, 4 は tu に対する命令文にしましょう． *Conjuguez à l'impératif.*

1. Pour aller à la gare, s'il vous plaît ? —(Aller) tout droit. C'est tout près d'ici.

2. Le bus pour aller à l'Opéra, s'il vous plaît ? —Ne (prendre) pas le bus, (prendre) le métro, c'est direct.

3. (Venir) demain soir chez nous. On fait une fête. —Volontiers. À quelle heure ?

4. (Fermer) la porte et les fenêtres, s'il te plaît. —D'accord.

048 **2** 物や人物に対応するように適切な表現を入れ，音声を聞いて確認しましょう．
Complétez avec la bonne préposition.

1. Le vase est (   ) la table.
2. La souris est (   ) le piano.
3. Le chat est (   ) le piano.
4. Marie est (   ) le piano.
5. Anne est (   ) le piano.
6. Jean est (   ) du piano.

049 **3** 音声を聞いて，時刻を数字で書き込みましょう．時間の聞き方も覚えましょう．
Écoutez et écrivez l'heure.

Il est quelle heure ?

1. (:   )   2. (:   )   3. (:   )   4. (:   )

4 フランス語にしましょう． *Traduisez.*

1. 彼は何時に来るの？   —彼は正午ごろ (vers) 来ます．

2. ピカソ美術館はどこですか？   —それは遠い (loin)．タクシーに乗りなさい．

VOCABULAIRE   方向 (Les directions)／都市 (La ville)

à gauche 左に	à droite 右に	tout droit まっすぐ	devant (の) 前に	derrière (の) 後ろに
sur 上に	sous 下に	en face (de) (の) 正面に	entre (の) 間に	dans 中に
près (de) (の) 近くに	loin (de) (の) 遠くに	à côté (de) (の) 隣に		
poste (f.) 郵便局	mairie (f.) 市・区役所	gare (f.) 鉄道の駅	station (de métro) (f.) 地下鉄の駅	
arrêt (m.) バス停	boulevard (m.) 大通り	rue (f.) 通り	place (f.) 広場	pont (m.) 橋

Unité 4

35

050 これだけ覚えてフランスへ行こう ✈

> **La tour Eiffel, s'il vous plaît ?**
> エッフェル塔は
> どちらですか

> **Continuez tout droit.**
> ずーっと，真っ直ぐです

> **Vous avez l'heure ?**
> 時間わかりますか

> **Il est midi.**
> 正午です

> **Où vas-tu ?**
> どこへ行くの

> **Je vais à la mer.**
> 海へ行くの

> **Qu'est-ce qu'on va faire ?**
> 何をしようか

> **On va au cinéma.**
> 映画を見に行こう

余裕があったら覚えよう

Attendez un instant ! ちょっと待って		Entrez ! 入って
Ouvrez la porte ! ドアを開けて		Fermez la porte ! ドアを閉めて
Faisons une pause ! 休みましょう		Ne faites pas de bruit ! 音をたてないで
Silence ! 静かに	Ça suffit ! いいかげんにしろ	Pas question ! 問題外

36

051 もっと話したい！

Où allez-vous ?
どちらへ行かれるの

Je vais aux États-Unis.
アメリカへ行きます

1. en France
2. au Canada
3. à Paris
4. en Italie

D'où venez-vous ?
どちらからいらしたの

Je viens des États-Unis.
アメリカからです

1. de France
2. du Canada
3. de Paris
4. d'Italie

もっと知りたい

前置詞 *Prépositions (de, à)*

前置詞の中でもとくに使われ，さまざまな用法があるのが à と de だ．à は空間・時間上の一点，de は起点のイメージがおおもとにある．

	de (= 英 of, from)	**à** (= 英 at, in, to)
空間	de Lyon　リヨンから	à Paris　パリに・へ・で
時間	de ce jour　その日から	à trois heures　3 時に
特徴	les champs de blé　麦畑	une fille aux yeux bleus　青い眼の少女
所属	les parents de Jean　ジャンの両親	C'est à moi.　それは私のです（être à 所属）
!	une tasse de thé　一杯のお茶	une tasse à café　コーヒー茶碗
動詞＋	parler de　～について話す	parler à 人　（人）に話す donner もの à 人　（人）に（もの）を与える （à 人で間接目的）

この二つは，「～から～まで」の意味で一緒に使われることもある．

de sept à neuf heures　7 時から9 時まで　　de Nice à Paris　ニースからパリまで

フランスの学生生活をのぞいてみよう
えっ，大学にサークルがないの？

052 **IV** La vie des étudiants

« Une tête bien faite est mieux qu'une tête bien pleine. »

Montaigne

パリの南にある大学都市 (Cité Universitaire)
広大な敷地に，インド館，スイス館，デンマー
ク館など，各国が建てた留学生用の寮がな
らぶ．お国情緒あふれる建築は隠れたパリ
の名所になっている．お城のような日本館
も人気がある．

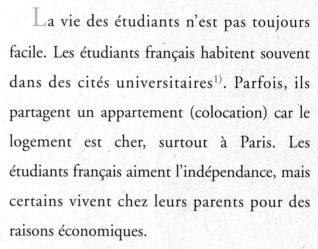

La vie des étudiants n'est pas toujours facile. Les étudiants français habitent souvent dans des cités universitaires[1]. Parfois, ils partagent un appartement (colocation) car le logement est cher, surtout à Paris. Les étudiants français aiment l'indépendance, mais certains vivent chez leurs parents pour des raisons économiques.

Beaucoup d'étudiants doivent travailler pour payer leurs études. Certains ont une bourse. Les jobs traditionnels sont le baby-sitting ou les cours particuliers.

Les étudiants bénéficient de nombreuses réductions pour le cinéma, le théâtre, les concerts, et aussi pour les voyages. Ils aiment organiser des fêtes entre amis. Ils pratiquent parfois le sport, mais il n'existe pas[2] de compétition sportive entre les universités comme aux États-Unis ou au Japon. En France, en effet, la plupart des universités sont publiques[3].

安くて当然の学食 (restaurant universitaire) だ
が，お昼でもワインは当たり前．デザート
もしっかり取るのがフランス流．グリルな
ら肉の焼きぐあいもしっかり指定する．ボ
ナペティ！

1) cités universitaires　大学寮　　2) il n'existe pas...　〜は存在しない
3) publiques　公立の

> 「知識でいっぱいの頭より，できのよい頭の方がよい」
>
> モンテーニュ（1533-92．思想家）
>
> フランスの大学教育は70ほどある国立大学が中心で，私立の大学は僅かに10校ほどのカトリック系大学があるのみ．バカロレア（通称 Bac）という大学入学資格試験に合格すれば，原則的には誰でも好きな大学の一年次に登録できるし，途中で学校を変えることもできる．その公教育の特徴は，無償性とともに宗教からの独立（laïcité）である．これは1881年の義務教育の開始に伴い，初等教育からカトリック教会を排除するために掲げられた原則であり，共和国の理念となる．

Le système éducatif

L'instruction est obligatoire de 6 ans* à 16 ans. L'enseignement public est gratuit et laïque. Toutefois, certains parents choisissent pour leurs enfants une école privée, en général catholique.

カルチエ・ラタンの中心，ソルボンヌ大学 (la Sorbonne)．実はこれは通称で現在はパリ大学を構成する．その起源は 13 世紀にまでさかのぼり，当時は神学が中心だった．今も世界各国から学生が集う．

Après trois années d'études, les lycéens passent le « baccalauréat ». Ce diplôme permet de s'inscrire[4] en principe dans n'importe quelle[5] université.

Par contre, l'entrée dans les grandes écoles est sélective. Elle se fait[6] soit[7] par concours, soit par examen de dossier.

4) s'inscrire　登録する　　5) n'importe quel　どんな〜でも
6) elle se fait　行われる　　7) soit ... soit ...　〜か〜か
*2019年より 3 歳から

授業の合間に，ソルボンヌ広場でおしゃべりする学生たち．後ろに見えるのは老舗の哲学書専門店 Vrin.

	Vrai ou faux ?	vrai	faux
1.	Les étudiants français aiment l'indépendance.	☐	☐
2.	Les étudiants n'ont pas de réduction pour le cinéma.	☐	☐
3.	Pour s'inscrire à l'université, il faut avoir le baccalauréat.	☐	☐
4.	L'enseignement public est catholique.	☐	☐

Le saviez-vous?

En France, la rentrée des classes est en septembre.

Unité 5

5.1 **Bon anniversaire !**

053

Philippe : Tu connais ce restaurant depuis quand ?　▸ connais → connaître

Nathalie : Je le connais depuis un an. Je viens souvent ici.

Philippe : Dis donc ! C'est aussi cher qu'un restaurant trois étoiles.

Nathalie : Ne t'inquiète pas ! Aujourd'hui, je t'invite.　▸ dis donc おやおや

Philippe : Tu m'invites ? Mais pourquoi ?　▸ Ne t'inquiète pas !
心配しないで

Nathalie : Parce que nous sommes le 5 juin : c'est ton anniversaire.

Philippe : C'est sympa… Qu'est-ce qu'on va prendre ?　▸ nous sommes + le + 日付け
今日は何月何日です

Nathalie : Le poisson est excellent ici.

Philippe : Je préfère la viande.

Nathalie : Comme tu veux. Moi, j'aime mieux le poisson. C'est plus léger.

Philippe : Mais, c'est moins nourrissant.　▸ comme tu veux
お好きなように

Grammaire

人称代名詞・直接目的補語 *Pronoms personnels COD* 「～を」

私を	**me (m')**	私たちを	**nous**
君を	**te (t')**	あなた(方)を	**vous**
彼(それ)を	**le (l')**	彼(女)らを	**les**
彼女(それ)を	**la (l')**	それらを	

▸ 代名詞は関係する動詞の直前におく
ただし，肯定命令の場合は動詞の後
me, te, le, la は母音の前ではエリジョン
3 人称単数のみ男女の区別をする
3 人称は物にも用いる

Il **te** regarde. 彼はきみを見ている. 　　Je **vous** écoute. 聞いていますよ.

Vous ne **la** cherchez pas. あなたは彼女を探していない. 　　Cherchez-**la**. 彼女を探して. (肯定命令)

Écoutez-**moi**. 私の言うことを聞いて. (肯定命令では me の代わりに moi を用いる)

Tu ne **me** regardes pas. きみは私を見ていない. 　　Ne **me** regarde pas. 私を見るな. (否定命令)

Je vais **le** chercher. 私は彼を迎えに行く［それを取りに行く］. (直接関係する動詞の前に置く)

比較級 *Comparatifs* 「～よりも…である／～と同じくらい…である」

優等	**plus**
同等	**aussi** + 形容詞・副詞 + **que** ～
劣等	**moins**

▸ que の後の人称代名詞は強勢形

▸ que 以下の比較の対象は明示されない場合もある

Ma sœur est **plus** studieuse **que** moi. 妹は私より勉強家だ.

特殊な比較級としては形容詞 bon(ne)(s) → meilleur(e)(s)「よりよい」副詞 bien → mieux「よりよく」
Ton café est **meilleur**. 君のコーヒーの方がおいしい. 　Ça va beaucoup **mieux**. (体調などが) 前よりずっといい.

1 (　　) に適切な直接目的補語を入れましょう. *Complétez avec le pronom personnel COD.*

1. Tu aimes cette chanson ? − Oui, je (　　) aime bien.
2. Tu es occupée ? Alors, je (　　) rappelle plus tard. − Oui. Rappelle- (　　).
3. Vous prenez ces chaussures ? − Non, je ne (　　) prends pas.
4. Tu ne m'aimes plus ? − Si, je (　　) aime.
5. Tu n'as pas d'argent ? Pas de soucis. Je (　　) invite.

2 例にならって答えましょう. *Répondez aux questions.*

> 例　Vous connaissez Jean-Paul ? (Oui, ...depuis longtemps)
> − Oui, je le connais depuis longtemps.
> − Non, je ne le connais pas.

1. Vous connaissez ce restaurant ? (Oui, ... depuis peu)
2. Tu connais cette pâtisserie ? (Oui, ... depuis dix ans)
3. Vous connaissez Louise ? (Non)

3 日本語に対応するように (　　) に語を補いましょう. *Complétez les phrases avec des comparatifs.*

1. Flore est (　　) gentille que sa sœur.　フロールは彼女の姉と同じくらい親切だ
2. Aujourd'hui, il fait (　　) froid qu'hier.　今日は昨日より寒くない
3. Le poisson est (　　) léger que la viande.　魚は肉より軽い.
4. Elle cuisine (　　) que moi.　彼女は私よりも料理が上手だ.

4 フランス語にしましょう. *Traduisez.*

1. きみはナタリーを知っている？　—うん，彼女をずっと前から知っている.
2. マリはあなたより年上だ (âgé).

VOCABULAIRE　　暦・カレンダー (Le calendrier)

jour (*m.*) 日　　semaine (*f.*) 週　　mois (*m.*) 月　　　　an (*m.*) 年　　week-end (*m.*) 週末
lundi 月　　　　mardi 火　　mercredi 水　　jeudi 木　　vendredi 金　　samedi 土　　dimanche 日
janvier 1月　　février 2月　　　mars 3月　　　avril 4月　　mai 5月　　juin 6月　　juillet 7月
août 8月　　　septembre 9月　　octobre 10月　　novembre 11月　　décembre 12月
Nouvel an 新年　　Noël クリスマス　　Pâques 復活祭　　　　　la Saint-Valentin バレンタイン
poisson d'avril エイプリルフール　　la fête nationale 国の祝日　le 14 Juillet 革命記念日
On est le combien ? 今日は何日？　　On est le 6 février. 今日は2月6日.

41

054

Philippe et Nathalie sont à table.

Le serveur	: Bonjour, qu'est-ce que vous prenez ?
Nathalie	: Une salade au foie gras pour monsieur, et pour moi une salade niçoise.
Le serveur	: Et comme plat principal ?
Nathalie	: Un chateaubriand pour monsieur et une sole meunière pour moi.
Le serveur	: Et comme boisson ?
Nathalie	: Qu'est-ce que vous nous conseillez ?
Le serveur	: Le meilleur vin pour vos plats, c'est un vin rouge. Je vous conseille un bourgogne.
Nathalie	: D'accord, on vous fait confiance.

▶ pour monsieur
この方には（フィリップのこと）

▶ niçoise ニース風
ニース風サラダ p. 65

▶ chateaubriand
厚い牛ヒレのステーキ
▶ sole meunière
舌平目のムニエル

Grammaire

人称代名詞・間接目的補語 *Pronoms personnels COI* 「誰それに」

私に	**me (m')**	私たちに	**nous**
君に	**te (t')**	あなた(方)に	**vous**
彼(女)に	**lui**	彼(女)らに	**leur**

▶ 代名詞は関係する動詞の直前に置く
ただし，肯定命令の場合は動詞の後
me, te は母音の前ではエリジョンする
3 人称に男女の区別はない

Je téléphone à Sophie.　私はソフィーに電話する．　→ Je **lui** téléphone.　彼女に電話する．
Tu **me** passes le journal.　きみは私に新聞をわたす．　Passe-**moi** le journal.　私に新聞をとって．
Tu ne **leur** prêtes pas d'argent.　きみは彼らに金を貸さない．
Ne **leur** prête pas d'argent.　彼らに金を貸すな．（否定命令）
Je vais **vous** montrer cette lettre.　あなたにその手紙をお見せしましょう．

最上級 *Superlatifs* 「～のうちで一番…である」

定冠詞 (le, la, les)	plus / moins	+ 形容詞 + de ～
	le plus / le moins	+ 副詞 + de ～

C'est la chanteuse **la plus** populaire **de** France.　彼女はフランスで一番人気のある歌手です．

特殊な最上級 *Exceptions*

形容詞　bon(ne)(s)　　le meilleur, la meilleure, les meilleur(e)s 「もっともよい」
　　Ce bistrot est **le meilleur** du quartier.　このビストロはこの辺で一番だ．
副詞　bien　　　　le mieux 「もっともよく」
　　Elle chante **le mieux** de la classe.　彼女はクラスで一番上手に歌う．

42

Exercices

① （　）に適切な間接目的補語を入れましょう. *Complétez avec le pronom personnel COI.*

1. Qu'est-ce que vous (　　) conseillez ? – Je (　　) conseille ce champagne.

2. Tu écris à Louis ? – Oui, je vais (　　) écrire.

3. Ça te plaît, la crème caramel ? – Oui, ça (　　) plaît beaucoup.

4. Passez-(　　) le sel, s'il vous plaît. – Oui, voilà. Le poivre aussi ?

② 例にならって形容詞を最上級にして答えましょう. *Répondez en utilisant le superlatif.*

例　C'est un bon vin ? (notre cave) – Oui, c'est le meilleur vin de notre cave.
　　これはいいワインですか？　―ええ，私どもの店で最高のワインです.

1. C'est un bon restaurant ? (ce quartier)

2. C'est une bonne école ? (la ville)

3. C'est un sport populaire ? (la France)

4. C'est une grande bibliothèque ? (le Japon)

③ 右の Menu を見ながら，音声を聞いて，何が注文されたか，チェックしましょう.
Écoutez et cochez les bonnes cases.

	Entrées	Plats	Desserts	Boissons
1. Mme	☐ salade ☐ potage ☐ quiche	☐ steak ☐ sole ☐ poulet	☐ gâteau ☐ tarte ☐ glace	☐ vin rouge ☐ vin blanc ☐ eau minérale
2. M.	☐ salade ☐ potage ☐ quiche	☐ steak ☐ sole ☐ poulet	☐ gâteau ☐ tarte ☐ glace	☐ vin rouge ☐ vin blanc ☐ eau minérale

055

Menu à 23€

Entrées
Salade niçoise
Potage de carottes
Quiche lorraine

Plats
Steak frites
Sole meunière
Poulet rôti

Desserts
Gâteau au chocolat
Tarte aux pommes
Glace

④ フランス語にしましょう. *Traduisez.*

1. エマ（Emma）は世界で一番美しい.

2. 私は彼女に毎晩（tous les soirs）電話する.

VOCABULAIRE　　　　食事 (Le repas)

petit déjeuner (*m.*) 朝食　　déjeuner (*m.*) 昼食　　dîner (*m.*) 夕食

cuisine française (chinoise / japonaise) (*f.*) フランス（中国／日本）料理　　menu (*m.*) 定食

carte (*f.*) メニュー　　entrée (*f.*) 前菜　　plat principal (*m.*) メインディッシュ　　viande (*f.*) 肉

bœuf (*m.*) 牛　　poulet (*m.*) 若鶏　　porc (*m.*) 豚　　œuf (*m.*) 卵　　poisson (*m.*) 魚

riz (*m.*) 米, ライス　　dessert (*m.*) デザート　　glace (*f.*) アイスクリーム　　fromage (*m.*) チーズ

boisson (*f.*) 飲み物　　vin rouge (blanc, rosé) (*m.*) 赤（白, ロゼ）ワイン

eau minérale (*f.*) ミネラル・ウォーター　　verre (*m.*) グラス　　bouteille (*f.*) ボトル　　addition (*f.*) 勘定

056 これだけ覚えてフランスへ行こう ✈

Je vous aime Marie.
マリさん　好きです

Désolée.
Moi, j'aime Gilles.
ごめんね　私はジルが
好きなの

Tu connais
ce garçon ?
あの子，知ってる？

Oui, je le connais très
bien.
よく知ってるわ

Voilà le meilleur sac,
madame.
こちらが最上のカバンです

Évidemment,
c'est le plus cher.
もちろん一番高いのね

Je cours plus vite
que toi.
君より走るの速いよ

Moi, je suis plus
intelligent.
ぼくのほうが頭がいいよ

余裕があったら覚えよう

Bon appétit !　たんと召しあがれ　　Ça vous (te) plaît ?　これはお好きですか？

C'est délicieux.　それは美味　　C'est excellent.　最高　　C'est bon.　おいしい

C'est mauvais.　まずい　　C'est trop salé.　あまりに塩辛い　　C'est sucré.　甘い

C'est épicé.　スパイシー　　C'est léger.　軽い　　C'est lourd.　重い　　À votre santé !　乾杯

057 もっと話したい！

Ça vous plaît ?
お口に合いますか

Oui, c'est délicieux.
美味しゅうございます

1. Oui, c'est bon.
2. Oui, c'est excellent.
3. Non, pas vraiment.
4. Non, c'est trop sucré.

C'est quand ton anniversaire ?
君の誕生日はいつ？

C'est le 1ᵉʳ juin.
6月1日です

1. le 30 janvier
2. le 1ᵉʳ mai
3. le 14 juillet
4. le 25 décembre

もっと知りたい

人称代名詞のまとめ *Pronoms personnels*

主語	直接目的補語	間接目的補語	強勢形
je (j')	me (m')	me (m')	moi
tu	te (t')	te (t')	toi
il	le (l')	lui	lui
elle	la (l')	lui	elle

主語	直接目的補語	間接目的補語	強勢形
nous	nous	nous	nous
vous	vous	vous	vous
ils	les	leur	eux
elles	les	leur	elles

直接目的補語と間接目的補語が一緒になるときの順番

主語　　(ne)　　me te nous vous　　le la les　　lui leur　　動詞　　(pas)

Il donne ce cadeau à sa mère. → Il **le lui** donne.　彼はこのプレゼントを母に贈る.
肯定命令の場合は，動詞—直接目的—間接目的.
Donne-**le-lui**.　それを彼女に与えよ.

料理は文化のエッセンスだ
パン・ワイン・チーズの三位一体

058 **V** **Le pain, le vin et le fromage**

パン屋には焼きたてのパンが並ぶ. 伝統の
バゲットだけでなく, 全粒粉や雑穀のパン
も人気だ. 自分で取るのではなく, お店の
人に注文するのがフランス式.

« Bon comme du bon pain »

Le pain, le vin et le fromage sont les aliments les plus anciens du monde occidental. En général, le pain et le vin sont présents sur la table du début à la fin des repas. Ils ont une valeur symbolique très forte dans la religion catholique car le pain et le vin représentent respectivement le corps et le sang du Christ dans l'Eucharistie.

食卓にはパン, ワイン, チーズを囲んで家
族が集う.

« La vérité est dans le vin »

La France est l'un des plus grands producteurs mondiaux de vin. Les régions les plus réputées pour leurs vins sont la région de Bordeaux, la Champagne, et la Bourgogne. Ces vins portent en général le nom de leur région ou de leur lieu de production.

champagne côtes du rhône bordeaux alsace bourgogne provence

ワインの瓶は産地によって微妙に形が異
なる. ワインの格付けはラベルにはっき
り示されている. AOC（原産地呼称統制）
が最良で, VDQS（上質限定ワイン）はそ
の下のクラス. テーブルワイン（vin de
table）は最低なのでご注意！

パンとワインはフランスの食卓に不可欠の存在だ.「（人が）よいパンのように善良だ」とか「酒中に真あり」といった表現も多い．またキリスト教では，パンはキリストの体，ワインはキリストの血として，重要な象徴的な意味をもっている（Eucharistie 聖体の秘蹟）．もうひとつ食事に欠かせないのがチーズ．希代の食通ブリア＝サヴァラン（1755-1826．司法官・作家）は「チーズのないデザートなんて，片目の美女のようなものだ」と言ったほどだ．

Les fromages

« Un dessert sans fromage est une belle à qui il manque un œil. » Brillat-Savarin

La France a la plus grande variété de fromages au monde (400 environ). Il y a les fromages de lait de vache comme le camembert, les fromages de lait de brebis comme le roquefort ou encore les fromages de lait de chèvre.

Comme les vins, les fromages portent souvent les noms de leur lieu d'origine. Ainsi, le camembert emprunte son nom à un petit village de Normandie.

En général, on mange les fromages avec les vins rouges.

フランスには約400種のチーズがある．カマンベールやブリーの他にも，クリームのたっぷりはいったプチ・スイス，羊の乳から造った青カビの生えたロクフォール，山羊の乳で作ったチーズもある．メインディッシュを平らげたあと，チーズが食べたくなればあなたもフランス人だ．

	vrai	faux
Vrai ou faux ?		
1. Le pain et le vin ont une valeur sacrée.	☐	☐
2. Le « Bourgogne » est un nom de fromage.	☐	☐
3. Le camembert est un fromage de Normandie.	☐	☐
4. En général, on mange les fromages avec les vins rouges.	☐	☐

Le saviez-vous?

En France, il existe des distributeurs de baguettes chaudes.

Pause café

カフェで一休み

フランスのカフェはエスプレッソが定番.

美味しいタルトはパン屋で簡単に買える.

テラスに座って道行く人々を眺めながらのお喋りもまた格別.

キッシュ・ロレーヌ Recette de la quiche lorraine

材料 Ingrédients

- パイ生地 (pâte brisée)
- ハム 3 枚 (jambon)
- 生クリーム 125g (crème fraîche)
- 卵 3 つ (œufs)
- バター 25 g (beurre)
- チーズ (fromage)
- 塩・胡椒 (sel, poivre)

Préparation

1. Mettre la pâte dans un plat beurré.

❶ バターを塗ったパイ皿にパイ生地をしきます.

2. Couper le jambon en petits morceaux.

❷ ハムを細かく切ります.

3. Mettre la crème et les œufs dans un saladier.

❸ 卵とクリームを混ぜます. ボールに入れます.

4. Ajouter du sel et du poivre. Bien mélanger.

❹ そこに塩と胡椒を加え, よく混ぜます.

5. Mettre le jambon et verser le mélange sur la pâte.

❺ パイ生地の上にハムをのせ, 4 を注ぎます.

6. Ajouter le fromage.

❻ 5 にチーズを加えます.

7. Faire cuire 35 minutes dans un four chaud.

❼ 6 を高温のオーブンに入れ 35 分加熱します.

8. Bon appétit !

❽ たんと召し上がれ.

Unité 6

Dialogue 1 ▸ **6.1 Interview d'un jeune champion**

059

Nathalie	: Félicitations pour votre médaille d'or. Quels sont vos projets maintenant ?
Le champion	: Je me prépare pour le championnat du monde.
Nathalie	: Vous vous entraînez comment ?
Le champion	: D'habitude, je me lève tous les jours à six heures et je fais du judo jusqu'au soir.
Nathalie	: Et le week-end, vous vous reposez ?
Le champion	: Oui, je m'amuse avec mes enfants.
Nathalie	: À part le judo, vous vous intéressez à quoi ?
Le champion	: Je m'intéresse à tous les sports.

▸ à part 〜以外に

▸ s'intéresser à
〜に興味がある

Grammaire

代名動詞 *Verbes pronominaux*

060

se lever		
je	**me**	lève
tu	**te**	lèves
il	**se**	lève
nous	**nous**	levons
vous	**vous**	levez
ils	**se**	lèvent

代名動詞は主語と同一である代名詞（再帰代名詞）をもつ動詞
その用法は意味の上から次の4つに分類される.
1. 再帰的用法：主語の行為が主語自身におよぶもの
2. 受動的用法：主語はほとんど常に事物で，受け身的
3. 相互的用法：主語は複数で，行為が相互的に行われる
4. 本質的用法：代名動詞としてのみ用いられるものなど

1. Je me lève à six heures tous les jours.　(se lever)　私は毎日6時に起きる.
2. Ce roman ne se lit pas facilement.　(se lire)　この小説はすらすら読めない.
3. Ils se téléphonent tous les soirs.　(se téléphoner)　彼らは毎晩電話をかけあっている.
4. Je me souviens très bien de cette soirée.　(se souvenir de)　その晩のことをよく覚えている.

代名動詞の命令法（肯定命令の場合は代名詞は動詞の後）
　Dépêche-toi !　急げ!　　Asseyez-vous.　おかけ下さい.　　Calmons-nous.　落ちつきましょう.

否定命令の場合は語順は変わらない.
　Ne t'inquiète pas. 心配するな.　　Ne vous inquiétez pas. ご心配なく.

Comment vous appelez-vous ? / Vous vous appelez comment ?　お名前は何とおっしゃいますか?
Comment tu t'appelles ? — Je m'appelle Max Simon.　名前は?　—マックス・シモンです.

Exercices

1 （　）の中の代名動詞を主語に合わせて活用させましょう.
Conjuguez les verbes pronominaux.

1. Vous (se lever) à quelle heure le dimanche ?　−Je (se lever) à dix heures.
2. Tu (s'intéresser) à quoi ?　−Je (s'intéresser) aux oiseaux.
3. On (se donner) rendez-vous quand ?　−On (se voir) samedi, à 15 heures.
4. Comment (s'appeler)-vous ?　−Je (s'appeler) Christine.

2 指示に従って，命令文をつくりましょう. *Conjuguez à l'impératif.*

　　例　se réveiller（tu に対する命令）→　Réveille-toi ! 目を覚ましなさい

1. se calmer（vous に対する命令）
2. se dépêcher（nous に対する命令）
3. s'amuser bien（tu に対する命令）
4. ne pas s'énerver（vous に対する否定命令）興奮しないで

3 音声を聞いて適切な答を選び，チェックしましょう.
Écoutez et cochez les bonnes cases.

1. D'habitude, je me lève vers　　☐ 5 heures　　☐ 8 heures　☐ midi.
2. D'abord, je me douche, puis　☐ je me couche　☐ je travaille　☐ je m'habille.
3. Après le petit déjeuner, je vais　☐ travailler　☐ manger　☐ me promener.
4. L'après-midi, je fais　　　　☐ les courses　☐ le ménage　☐ la cuisine.
5. Après le dîner, je regarde　☐ la télévision　☐ un DVD　☐ un match de foot.

4 フランス語にしましょう. *Traduisez.*

1. 私たちはテニスに興味があります.
2. 私はジョギングをするために (pour + 不定法) 毎日8時に起きます.

*faire + 部分冠詞 + スポーツ名 〜をする

VOCABULAIRE　　日常生活 (Les activités quotidiennes)

se lever 起きる　　se réveiller 目を覚ます　　s'habiller 服を着る　　se coucher 寝る　　se laver 体を洗う
se doucher シャワーを浴びる　　prendre un bain 風呂に入る　　faire le ménage 掃除をする
faire la cuisine 料理をする　　faire les courses 買い物をする　　lire le journal 新聞を読む
écouter la radio ラジオを聴く　　regarder la télévision テレビを見る
surfer sur Internet ネットを見る　　se promener 散歩する　　se reposer 休む　　dormir 眠る
le matin 朝　　l'après-midi 午後　　le soir 夕方　　la nuit 夜

Dialogue 2 6.2 **Le cours de tennis**

Nathalie	: Bonjour. Est-ce que je peux m'inscrire au cours de tennis ?
L'employé	: Oui. Quelle est votre adresse ?
Nathalie	: 39, boulevard Saint-Michel, dans le sixième.
L'employé	: Votre nom, s'il vous plaît.
Nathalie	: Je m'appelle Nathalie Dumont.
L'employé	: Vous devez remplir cette fiche d'inscription.
	Et il faut deux photos d'identité.
Nathalie	: D'accord. Voilà.
L'employé	: Quels jours de la semaine voulez-vous venir ?
Nathalie	: Lundi et jeudi, dans la matinée.
L'employé	: Je suis désolé. Il n'y a plus de place pour le moment.
	Il faut revenir vers la fin du mois.

▶ s'inscrire à 登録する

▶ le sixième
パリ6区：左岸の高級
住宅街

Grammaire

可能・欲求・義務の表現

063

pouvoir (= 英 can / may)			**vouloir** (= 英 want)			**devoir** (= 英 must)		
je	peux	nous	pouvons	je	veux	nous	voulons	je	dois	nous	devons
tu	peux	vous	pouvez	tu	veux	vous	voulez	tu	dois	vous	devez
il	peut	ils	peuvent	il	veut	ils	veulent	il	doit	ils	doivent

Tu veux venir avec nous ?	私たちと一緒に来ませんか？
Je ne peux pas venir ce soir.	今晩は行けません．
Tu dois voir ce film.	この映画は見るべきだよ．

疑問形容詞 *Adjectifs interrogatifs* 「なんの・どの」

	男性	女性
単数	**quel**	**quelle**
複数	**quels**	**quelles**

Quel âge avez-vous ?	あなたは何歳ですか？
Quelle est votre adresse ?	あなたの住所はどちらですか？
Quels films aimez-vous ?	あなたはどんな映画が好きですか？
Vous parlez quelles langues ?	あなたは何語を話しますか？

il faut + 不定法 「〜しなければならない」　**il faut** + 名詞 「〜が必要である」
il faut + 時間 「〜かかる」

Il faut rentrer à la maison.	家に帰らなければなりません．
Il faut un visa.	ビザが必要です．
Il faut dix minutes pour aller à la gare.	駅に行くのに10分かかる．

Exercices

❶ (　　) 内の動詞を適切に活用させましょう. *Conjuguez les verbes.*

1. Est-ce qu'on (pouvoir) visiter ? －Bien sûr. (Vouloir) -vous un plan ?
2. (Pouvoir)-vous m'aider ? －Avec plaisir.
3. Tu (vouloir) encore du vin ? －Oui, je (vouloir) bien.
4. Je (pouvoir) regarder la télé ? －Non, tu (devoir) dormir maintenant.

❷ (　　) 内に適切な疑問形容詞を入れましょう. さらに適切な応答と結び付けましょう.
Complétez avec l'adjectif interrogatif.

1. (　　　　　) est votre profession (f.) ?　　• 　　a. Je m'appelle Nathalie.
2. (　　　　　) âge avez-vous ?　　• 　　b. Je suis journaliste.
3. (　　　　　) est votre prénom (m.) ?　　• 　　c. J'ai vingt-cinq ans.
4. (　　　　　) est votre numéro de portable ? •　　d. Je fais du tennis.
5. (　　　　　) sont vos loisirs ?　　• 　　e. C'est le 06 45 61 32 89.

064 ❸ 音声を聞いて，適切な答を選んで，チェックしましょう. *Écoutez et cochez les bonnes cases.*

Nom 名前	Age 年齢	Profession 職業	Nationalité 国籍	Ville 住居	loisirs 趣味
1. Maki Hayashi	☐ 21 ans ☐ 31 ans ☐ 42 ans	☐ pianiste ☐ lycéenne ☐ étudiante	☐ coréenne ☐ japonaise ☐ américaine	☐ Paris ☐ Tokyo ☐ Kyoto	☐ la danse ☐ le tennis ☐ le football
2. Jean Leroy	☐ 21 ans ☐ 33 ans ☐ 34 ans	☐ avocat ☐ employé ☐ journaliste	☐ français ☐ italien ☐ canadien	☐ Montpellier ☐ Québec ☐ Montréal	☐ les voyages ☐ le basket-ball ☐ lire des romans
3. Hélène Kohl	☐ 21 ans ☐ 31 ans ☐ 63 ans	☐ architecte ☐ médecin ☐ fonctionnaire	☐ allemande ☐ anglaise ☐ chinoise	☐ Berlin ☐ Lyon ☐ Rouen	☐ le jazz ☐ les chansons ☐ le rock

❹ フランス語にしましょう. *Traduisez.*

1. あなたはこの仕事を土曜日までに (avant) 終わらせなければなりません.
2. わかりました (D'accord). 私は金曜の5時に来られます.

VOCABULAIRE　　　　スポーツ (Les sports)

football (*m.*) サッカー　　volley-ball (*m.*) バレーボール　　baseball (*m.*) 野球　　tennis (*m.*) テニス
gymnastique (*f.*) 体操　　ski (*m.*) スキー　　danse (*f.*) ダンス　　équitation (*f.*) (faire du cheval) 乗馬
planche à voile (*f.*) ウインド・サーフィン　　jogging (*m.*) ジョギング　　randonnée (*f.*) ハイキング
pétanque (*f.*) ペタンク　　natation (*f.*) 水泳　　tennis de table (*m.*) 卓球　　athlétisme (*m.*) 陸上競技
match (*m.*) 試合　　joueur (*m.*) 選手　　équipe (*f.*) チーム　　stade (*m.*) スタジアム

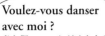

Communication

065 これだけ覚えてフランスへ行こう ✈

Voulez-vous danser avec moi ?
私と踊っていただけますか

Avec plaisir.
よろこんで

Comment vous appelez-vous ?
お名前は

Je m'appelle Julie.
ジュリーといいます

Quels sont vos loisirs ?
趣味は何ですか

J'aime bien la lecture et les voyages.
読書と旅行が好きです

Quel est votre numéro de téléphone ?
電話番号は

Je n'ai pas de téléphone.
もってないんです

余裕があったら覚えよう

On peut prendre des photos ? 写真を撮っていいですか – Non, je regrette. いえ，残念ですが

– Je suis désolé mais c'est interdit. 残念ですが，禁止されています

– Non, ce n'est pas possible. いえ，だめです   – Je vous en prie. どうぞ

Est-ce que je peux téléphoner ? 電話できますか

– Bien sûr. もちろん   – Certainement. もちろんです

– Vous pouvez téléphoner. 電話できますよ   C'est vrai ? 本当？   C'est ça ! その通り

Ça y est ! これでよし（予定・予想が実現したとき）   Comme ça. こんなふうな（身振りをともなって）

066 もっと話したい！

> **Vous faites quel sport ?**
> 何のスポーツをしてますか

> **Je fais** du tennis. **Et vous ?**
> テニスをやってます　あなたは

1. de la danse　　　　ダンス
2. du football　　　　サッカー
3. de la natation　　　水泳
4. du jogging　　　　ジョギング
5. Je ne fais pas de sport.　スポーツはしない

> **À quelle heure tu te lèves** le lundi ?
> 月曜は何時に起きるの

> **Je me lève à** 7 heures. **Et toi ?**
> 7時です　あなたは

1. sors / 10 heures　　　出かける
2. rentre(s) / 6 heures　帰ってくる
3. dîne(s) / 8 heures　　夕飯を食べる
4. finis / 5 heures　　　終える

もっと知りたい

on と ça

on や ça は会話でとてもよく使われますので，まとめておきましょう．

on は，主語としてのみ使い，意味とは関係なく動詞の活用はいつも三人称単数形です．

もともと「人」を意味するので，(1)「ひとは〜だ」と一般論を言うときや，(2)「誰かが〜だ」と言うときに使います．会話では (3)「私たちは nous」の代わりによく用いられます（これが便利！）．

　　On ne fume pas pendant les repas.　食事中はタバコを吸わないものだ (1)
　　On frappe à la porte.　誰かがノックしている (2)
　　On prend un petit café ?　ちょっとコーヒーを飲もうか (3)

ça は指示代名詞で「これ（それ）」という意味．性数変化しません．話題になっている事柄や物を性数関係なく，指すことができるので便利．買い物では指差しながら Ça「それ」と言えばいい．また，漠然としたことや状況を示すときに使います．Ça va?「元気ですか」もそのひとつ．

　　Je prends ça.　　　それにします
　　Donnez-moi ça.　　私にそれを下さい
　　Le tennis, j'adore ça.　テニスは大好きです

さいはての地，ブルターニュは妖精伝説が生きている土地
クレープもここで生まれた

067 **VI La Bretagne**

« Les Bretons naissent avec de l'eau de mer autour du cœur. »
Proverbe breton

モン＝サン＝ミシェルはブルターニュとノ
ルマンディーの境界に位置する城塞化され
た修道院のある島．世界遺産に指定されて
いる．潮の満ち引きの差が激しいため，干
潮時には浅瀬が 20 キロ程も現れる．

ブルターニュの中心都市レンヌには伝統的
な街並みが残る．

La Bretagne, située à l'ouest de la France, a un climat doux et humide. C'est une région très pittoresque et poétique. Les Bretons sont, à l'origine, des Celtes venus d'Angleterre au VIᵉ siècle. Beaucoup parlent encore une langue d'origine celtique. Des légendes célèbres sont nées[1] en Bretagne : la légende du roi Arthur avec Merlin l'Enchanteur[2], ou l'histoire de l'amour impossible entre Tristan et Iseult.

La Bretagne connaît le phénomène des marées. Toutes les 12 heures, la mer se retire très loin, parfois jusqu'à 15 ou 20 km, près du Mont-Saint-Michel. À marée basse, les baignades deviennent dangereuses. Les riverains ou les estivants se promènent alors en famille sur la grève humide, recouverte d'algues et de rochers. Certains pêchent à la main des coquillages ou des crabes. Pour se baigner, ils doivent attendre la marée haute.

1) sont nées　生まれた
2) Merlin l'Enchanteur　魔法使いマーリン

「ブルターニュ人は心の周りに海水を湛えて生まれてくる」

ブルターニュの諺

　ブルターニュは5世紀終りから6世紀にかけてイギリス (la Grande-Bretagne) から渡ってきたブルトン人によって形成された．キリスト教と土俗信仰が混ざりあった独特の聖人崇拝を始めとして，今も独特の風習，祭り，言語が生きている．ケルトの地を舞台にしたアーサー王と円卓の騎士の冒険譚や，トリスタンとイズーの悲恋物語は，多くの作家・芸術家に霊感を与えてきた．マーリンはアーサー王伝説に登場する異能の魔法使いである．

La cuisine bretonne

En Bretagne, la cuisine se fait au beurre. Les plats les plus typiques sont les crêpes et les galettes. Les crêpes sont sucrées et les galettes, faites à partir de farine de sarrasin, sont salées. Le quatre-quarts est un gâteau breton composé, en quantité égale, de beurre, de sucre, de farine et d'œufs.

Les boissons régionales en Bretagne sont le cidre (alcool à base de pommes) et l'hydromel (alcool à base de miel).

(物語を口述するマーリン，13 世紀の写本) ディズニーのアニメでもお馴染みの魔法使いマーリンも，元をたどれば，ブルターニュの伝説だ.

クレープはここブルターニュが本場．特にガレットと呼ばれるそば粉のクレープは絶品．ハムやチーズやキノコを挟んだり，ジャムを塗ったりといろいろな食べ方がある．飲み物にはシードル（リンゴ酒）がぴったり．

Vrai ou faux ?

	vrai	faux
1. La Bretagne a un climat chaud et sec.	☐	☐
2. Merlin est le personnage d'une légende bretonne.	☐	☐
3. À marée haute, la mer se retire très loin.	☐	☐
4. Les crêpes sont une spécialité de Bretagne.	☐	☐

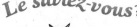

Les petits bretons peuvent apprendre le breton à l'école primaire.

Unité 7

Dialogue 1 **7.1 À la cinémathèque**

068

Philippe	: Deux places, s'il vous plaît.
L'employée	: 23 euros, monsieur.
Philippe	: Le film a déjà commencé ?
L'employée	: Non, pas encore. Dépêchez-vous, il commence dans deux minutes.

Ils entrent dans la salle de cinéma.

Nathalie	: On s'assoit là Philippe ?	▶ s'assoit → s'asseoir
Philippe	: Ah non ! je préfère devant. Là, c'est mieux !	
Nathalie	: Philippe…, tu es difficile !	
Philippe	: Normal, je suis un cinéphile !	▶ cinéphile 映画マニア
Nathalie	: Dis-moi ! Qui a fait ce film ?	
Philippe	: Zut ! J'ai complètement oublié son nom.	
Nathalie	: Quel cinéphile !	▶ quel ＋名詞 なんという～だ

Grammaire

複合過去 *Passé composé* （1）作り方：助動詞 **avoir** ＋ 過去分詞

oublier			否定形（助動詞を ne...pas で囲む）			
j'	**ai**	oublié	je	n'ai	**pas**	oublié
tu	**as**	oublié	tu	n'as	**pas**	oublié
il	**a**	oublié	il	n'a	**pas**	oublié
nous	**avons**	oublié	nous	n'avons	**pas**	oublié
vous	**avez**	oublié	vous	n'avez	**pas**	oublié
ils	**ont**	oublié	ils	n'ont	**pas**	oublié

▶ 主な動詞の過去分詞
voir → vu
prendre → pris
faire → fait
écrire → écrit
mettre → mis
être → été
avoir → eu
lire → lu

-er で終わる動詞の過去分詞は -er → -é oublier → oublié
-ir で終わる動詞の多くは   -ir → -i finir → fini, 他は不規則

J'**ai acheté** cet ordinateur il y a deux ans. 私はこのコンピューターを 2 年前に買った.
Il **a été** au Portugal pendant trois ans.   彼はポルトガルに 3 年間いた.
Vous lui **avez écrit** ? —Oui, je lui ai écrit. 彼に手紙を書きましたか？ —はい書きました.

＊注意：直接目的補語が過去分詞の前にある時，過去分詞は直接目的補語に性数一致 -(e)(s)

J'ai vu Marie. → Je l'ai vue. マリを見た. → 彼女を見た.

① ( ) 内の動詞を複合過去形にしましょう. *Conjuguez les verbes au passé composé.*

1. Hier soir, nous (manger) dans un restaurant formidable.
2. On (gagner) ! – C'est vrai ? C'est incroyable !
3. Qu'est-ce que vous (faire) pendant les vacances ? – J' (travailler).
4. Vous (choisir) ? – Un petit moment, s'il vous plaît.
5. J' (voir) « Le Voyage de Chihiro » en DVD. C'est le meilleur film de Miyazaki.

② 例にならって,「すでに〜した」「まだ〜ない」のいずれかで答えましょう. *Répondez.*

例　Le film a déjà commencé ? (Oui) – Oui, il a déjà commencé.

(Non) – Non, il n'a pas encore commencé.

1. Le cours de français a déjà commencé ? (Non)
2. Il n'a pas encore réservé le restaurant ? (Si) *Si については p. 26参照.
3. Vous avez déjà lu cette BD ? (Non)

069 ③ 音声を聞いて，適切な答を選んで，チェックしましょう.

Écoutez et cochez les bonnes cases.

1. Hier, j'ai étudié 　　　□ le matin 　　□ l'après-midi à la bibliothèque.
2. Vers midi, j'ai rencontré 　□ mes parents □ mon amie Marie.
3. L'après-midi, nous avons fait □ du yoga 　□ les courses au supermarché.
4. Pour rentrer, nous avons pris □ le bus 　　□ le métro.
5. Puis, on a dîné et on a regardé □ un film 　□ un match de foot.

④ フランス語にしましょう. *Traduisez.*

1. あなたは『星の王子さま』(« Le Petit Prince ») を読んだことがありますか？
2. はい，私はそれを日本語の翻訳で (en traduction japonaise) 読みました.

VOCABULAIRE 　　催し物とカルチャー (Les spectacles et la culture)

cinéma (*m.*) 映画（館）　voir un film 映画を見る　cinémathèque (*f.*) フィルム・ライブラリー
théâtre (*m.*) 演劇・劇場　danse (*f.*) ダンス　ballet (*m.*) バレエ　concert (*m.*) コンサート
exposition (*f.*) 展覧会　opéra (*m.*) オペラ　jazz (*m.*) ジャズ　billet (*m.*) 切符
musique (*f.*) 音楽　salle (*f.*) ホール　peinture (*f.*) 絵画　sculpture (*f.*) 彫刻

7.2 Après le film

Nathalie : Alors, le cinéphile s'est endormi ?

Philippe : Je me suis endormi ? C'est déjà fini ?

Nathalie : Mais oui. Qu'est-ce que tu as ?

Philippe : Je suis un peu fatigué. Hier, je me suis couché très tard.

Nathalie : Qu'est-ce que tu as fait ?

Philippe : Je suis allé chez Louis. On a fêté son anniversaire.

Nathalie : Moi, j'ai travaillé jusqu'à minuit et je me suis levée très tôt.
Bon, on va prendre un café ?

Philippe : D'accord. Alors, tu as aimé ce film ?

Nathalie : Oui, beaucoup.

Grammaire

複合過去 *Passé composé* （2）作り方：助動詞 **être** + 過去分詞

移動・状態の変化などを表わすいくつかの自動詞と代名動詞は助動詞に être をとる.

aller		
je	suis	allé(e)
tu	es	allé(e)
il	est	allé
elle	est	allée
nous	sommes	allé(e)s
vous	êtes	allé(e)(s)
ils	sont	allés
elles	sont	allées

se lever			
je	me	suis	levé(e)
tu	t'	es	levé(e)
il	s'	est	levé
elle	s'	est	levée
nous	nous	sommes	levé(e)s
vous	vous	êtes	levé(e)(s)
ils	se	sont	levés
elles	se	sont	levées

▶ 主な動詞の過去分詞

aller	→ allé
venir	→ venu
arriver	→ arrivé
partir	→ parti
sortir	→ sorti
entrer	→ entré
naître	→ né
mourir	→ mort

1. être を助動詞にとる自動詞の場合，過去分詞は主語に性数一致.

Ils sont allés à la plage hier. 　彼らは昨日ビーチに行った.

Aujourd'hui, maman est morte. 　今日ママンが死んだ.

2. 代名動詞の場合，再帰代名詞 (se) が間接目的の場合を除き，過去分詞は性数一致.

Ils se sont endormis facilement. (s'endormir) 　彼らはすぐに眠りについた.

Nous nous sommes parlé. 　私たちは語りあった ▶再帰代名詞 nous は間接目的 (parler à)

3. On が nous を示すとき過去分詞は性数一致する.

On est allé(e)s au cinéma. 　私たちは映画に行った.

1 ( ) 内の動詞を複合過去形にしましょう. *Conjuguez au passé-composé.*

1. Ce matin, elle (partir) pour Lyon.

2. Nous (rentrer) tard à la maison hier soir.

3. Quand est-ce que vous (arriver) à Nice ? − Il y a trois jours.

4. Lundi, ils (venir) dîner chez nous.

2 ( ) 内の動詞を複合過去形にしましょう. 1. 2.の主語は男性／女性の両方で.
Conjuguez au passé composé.

1. Je (se réveiller) tôt ce matin.

2. Hier, tu (se coucher) à quelle heure ? Tu n'as pas bien dormi ?

3. Comment ça (se passer) ton examen ? − Pas trop mal.

4. Nous (se marier) en juillet dernier.

071 **3** 音声を聞いて，対応するイラストを選びましょう. *Écoutez et choisissez l'image.*

( ) ( ) ( ) ( )

4 フランス語にしましょう. *Traduisez.*

1. ラファエル (Raphaël) が昨日私の家に来ました.

2. 私たちは (on) コーヒーを飲み，公園を散歩しました.

VOCABULAIRE 評価を示すために役立つ形容詞 (Appréciation)

payant 有料の ↔ gratuit 無料の   cher 高い ↔ bon marché 安い   facile やさしい ↔ difficile 難しい

chouette 素敵な ↔ nul 最低   passionnant とても面白い ↔ ennuyeux 退屈な

joyeux 楽しい ↔ triste 悲しい   joli きれい ↔ moche ぶさいく   utile 役に立つ ↔ inutile 無用な

calme 静かな ↔ bruyant うるさい

Exercices

Unité
7

Communication

072 これだけ覚えてフランスへ行こう ✈

> Qu'est-ce que
> tu as fait hier ?
> 昨日あなたはどうしてたの

> J'ai vu mon
> petit copain.
> 彼とデート

> Et alors ?
> それで

> Nous sommes
> allés danser.
> 踊りに行って

> Il m'a dit :　« Je t'aime Julie. »
> 彼に言われたの　「好きだよ　ジュリー」

> « Je ne peux pas vivre
> sans toi. »
> 「君なしには生きられない」って

> Ah! que c'est
> romantique.
> ロマンチックねえ

余裕があったら覚えよう

Comment as-tu trouvé ce film / ce roman ?　この映画／この小説をどう思った？

– C'est magnifique / formidable / excellent.　すばらしい

– C'est super / génial.　サイコー！（くだけた表現）　　　– C'est pas mal.　悪くないね

– C'est pas terrible.　たいしたことないね　　　　　　　　– C'est nul.　サイテー

Tant mieux !　それはよかった　　　　　　　　　　　　　Tant pis !　仕方がない

62

073 もっと話したい！

Vous avez aimé ce film ?
この映画は気に入りましたか

Oui, c'est magnifique.
ええ素晴らしい

1. Oui, c'est génial.
2. Oui, c'est super.
3. Non, c'est ennuyeux.
4. Non, c'est nul.

Tu as déjà bu du champagne ?
シャンパンを飲んだことある

Oui, il y a 1 an.
ええ一年前に

1. mangé du lapin　　ウサギを食べた
2. pris l'avion　　飛行機に乗った
3. voyagé à l'étranger　外国を旅行した
4. rencontré une personne célèbre
　　　　　　　　　　有名人に会った

Moi, jamais.

もっと知りたい

否定の表現　*Formes négatives*

なかなかマスターできないのが否定の表現．今回はこれを克服しましょう．

ne ... plus	もはや…でない	Il n'y a *plus* de vin.	もうワインがない
ne ... jamais	決して…ない	Il *ne* mange *jamais* de poulet.	彼は決して鶏を食べない
ne ... guère	あまり…ない	Il n'a *guère* d'amis.	彼は友だちがあまりいない
ne ... que ～	～しか…ない	Je n'aime *que* toi.	きみだけが好きだ（強調・制限）

* 会話では ne が落ちることも多いので注意．　Tu veux pas danser ? 踊らない？
　Personne, rien といった否定の表現は，肯定の表現と対にすると覚えやすい．

	肯定	否定
人	**quelqu'un**（誰か）	**personne**（誰も）
物	**quelque chose**（何か）	**rien**（何も）

Il y a **quelqu'un** ?　—Non, il n'y a **personne**.　　誰かいるの？— いや誰もいない．
Tu vois **quelque chose** ?　－Non, je ne vois **rien**.　何か見える？— いや何も見えない．

Civilisation

芸術家たちが憧れた
南仏プロヴァンス，12か月の歓び

074 VII La Provence

« *Un poisson vit dans l'eau et meurt dans l'huile.* »

Proverbe provençal

2000年も前に造られた水道橋．ポン・デュ・ガール (Pont du Gard)．この威風堂々とした姿をみると古代ローマ人たちの土木事業に対する情熱と才がよくわかる．

アヴィニョンには14世紀始めから一世紀に渡って法王庁がおかれた．壮麗な建物がいまもあたりを睥睨している．アヴィニョンはまた毎年7月中旬から開かれる国際的な演劇祭でも有名だ．

*形容詞が複数名詞の前にくると不定冠詞 des は de となる．

1) ゴッホ (1853-1890) オランダ生まれの画家．仏語ではヴァン・ゴーグと発音する．
2) セザンヌ (1839-1906) 後期印象派の巨匠．キュビズムの先駆者．

La Provence, située au sud-est de la France, a un climat de type méditerranéen : les étés sont chauds et secs avec de* violents orages, et les hivers sont doux. La beauté des paysages et la luminosité extraordinaire de cette région ont inspiré de nombreux peintres comme Van Gogh[1] ou Cézanne[2] mais aussi des écrivains comme Jean Giono[3], l'auteur de *L'Homme qui plantait des arbres*.

La Provence est très dynamique sur le plan culturel. Il y a chaque année de nombreux festivals : le Festival international du film de Cannes, le Festival d'Avignon, les Rencontres de la photographie d'Arles, et le Festival international d'Art Lyrique d'Aix-en-Provence. Le Festival de Cannes décerne chaque année la Palme d'Or au meilleur film.

La cuisine provençale

Le Midi a une cuisine méditerranéenne à base d'huile d'olive. Les plats sont parfumés à l'ail et aux herbes de Provence. La bouillabaisse (Marseille), la ratatouille et la

「魚は水の中で生き，油の中で死ぬ」

プロヴァンスの諺

　プロヴァンス地方の歴史は古く，ギリシャ・ローマ文化の影響を強く受けた土地である．地中海に面した南仏地方は気候も穏やかで世界的に定評のあるリゾート地帯．ゴッホやセザンヌなど多くの巨匠が南仏の風景を描いている．魚介類を豊富に使い，オリーブ油で調理した地中海風の料理は日本でも人気がある．金属性のボールを転がして小さな的球（cochonnet）に近づけることを競う南仏起源のスポーツ，ペタンクの愛好者も多い．南仏は，アヴィニョンの演劇フェスティバルなど，文化的催しも盛んだ．

salade niçoise (Nice) sont des plats typiques.

L'aïoli est une sauce à l'huile d'olive, parfumée à l'ail. Elle accompagne les légumes et les poissons ainsi que la viande.

Le pastis est l'apéritif préféré des gens du Midi. Il est fait à partir d'anis.

3) ジャン・ジオノ（1895-1970）プロヴァンス出身の作家．『木を植えた男』は，植樹を続ける男の活動により，森が再生する様子を活写する．

ニース風サラダの基本はトマト，ゆで卵，アンチョビ，ツナ，小粒のニース産黒オリーブ．カフェの定番メニューにもなっていて，ポテトやインゲンが入っていることもあるが，ドレッシングはシンプルにオリーヴオイルでいきたい．

プロヴァンスでは，ラベンダーをはじめとする香草がいたるところに見られる．

ニース　地中海のブルーが白い街並みに映える．

Vrai ou faux ?

		vrai	faux
1.	En Provence, les hivers sont froids.	☐	☐
2.	*L'Homme qui plantait des arbres* est un roman de Cézanne.	☐	☐
3.	En Provence, il y a beaucoup de festivals culturels.	☐	☐
4.	La bouillabaisse est un plat de Nice.	☐	☐

Le saviez-vous?

Jean-Henri Fabre a écrit ses « Souvenirs entomologiques » en Provence.

Unité 8

8.1 Philippe à Nancy

Philippe : Maman, tu te souviens d'Aki, la Japonaise que j'ai rencontrée l'automne dernier à Paris.

La mère : C'est la fille qui suivait des cours de français à la Sorbonne ?

Philippe : Oui. Elle habitait à la Maison du Japon. ▶ la Maison du Japon パリの大学都市の日本館

La mère : Je vois. C'est la jeune musicienne dont tu nous as tant parlé. C'est bien elle que tu voulais inviter à Nancy, n'est-ce pas ?

Philippe : Oui. Elle arrive le 26 mai. Elle peut dormir chez nous ?

La mère : Bien entendu. Elle veut rester combien de temps à Nancy ?

Philippe : Environ une semaine.

Grammaire

半過去 *Imparfait*

habiter				être				avoir			
j'	habitais	nous	habitions	j'	étais	nous	étions	j'	avais	nous	avions
tu	habitais	vous	habitiez	tu	étais	vous	étiez	tu	avais	vous	aviez
il	habitait	ils	habitaient	il	était	ils	étaient	il	avait	ils	avaient

作り方：現在形の nous の活用から ons をとった形が語幹，語尾は全ての動詞に共通

finir → nous **finiss**ons → je **finiss**ais

用法：1. 過去のある時点の状態・継続　2. 過去の習慣を示す「～していた／～したものだった」

1. Je **lisais** lorsque le téléphone a sonné.　　私が読書をしていたとき，電話が鳴った.
2. À l'époque, ils **venaient** souvent chez nous.　　当時彼らはよく私たちの家に来たものだった.

関係代名詞 *Pronoms relatifs*

qui（主格）　J'ai un ami **qui** habite à Paris.　私にはパリに住んでいる友人がいます.

que(qu')（目的格）　Je vais te montrer les photos **que** j'ai prises.　私が撮った写真を見せるね.

dont（de を含む）　Voici Aki **dont** je t'ai souvent parlé.　こちらよくお噂したアキさん（parler de）.

où（場所・時）　Voilà le restaurant **où** nous allons dîner ce soir.
ここが今晩食事をするレストランです.
Le jour **où** elle est partie, il pleuvait.　彼女が去った日は雨だった.

▶ qui, que, dont の先行詞は人でも物でもかまわない.

強調構文 *Phrases emphatiques*　（人称代名詞が強調されるときは強勢形をとる）

c'est...qui...（主語の強調）　C'est moi qui vous remercie.　お礼申し上げるのは私の方です.

c'est...que (qu')...（それ以外の強調）　C'est à Paris que j'ai acheté cette cravate.
このネクタイを買ったのはパリなんですよ.

1 ( ) 内の動詞を半過去形にしましょう. *Conjuguez les verbes à l'imparfait.*

1. Quand j'(être) écolier, je (vouloir) être footballeur.

2. Je (faire) la cuisine quand Chloé m'a téléphoné.

3. Avant, elle (fumer) beaucoup, mais elle a arrêté il y a deux ans.

4. Quand j'(avoir) 10 ans, je n'(aimer) pas beaucoup les légumes.

2 ( ) に適切な関係代名詞を入れましょう. *Complétez avec les pronoms relatifs.*

1. Pouvez-vous me rendre le livre ( ) je vous ai prêté l'autre jour ?

2. J'ai un ami ( ) a fait ses études à Londres.

3. Que pensez-vous du dernier roman de Murakami ( ) on parle beaucoup ?

4. Grenoble, c'est la ville ( ) est né l'écrivain Stendhal.

3 ディアローグに関して，適切な答にチェックしましょう. *Cochez les bonnes cases.*

1. Quand Philippe a-t-il rencontré Aki ?

☐ L'année dernière. ☐ Il y a deux ans. ☐ En mai.

2. Où Philippe a-t-il rencontré son amie japonaise ?

☐ À Nancy   ☐ À Paris   ☐ À Tokyo

3. Où habitait Aki l'année dernière ?

☐ À la Sorbonne   ☐ Chez Philippe   ☐ À la Maison du Japon

4. Quelle est la profession d'Aki ?

☐ Étudiante   ☐ Musicienne   ☐ Journaliste

4 フランス語にしましょう. *Traduisez.*

1. 私は大学生のころ，毎冬スキーをしたものです.

2. 当時，私はストラスブールで社会学の勉強をしていました.

VOCABULAIRE

学業 (Les études)

université (*f.*) 大学	cours (m.) 授業	examen (*m.*) 試験	concours (*m.*) 選抜試験
mémoire (*m.*) 卒論	licence (*f.*) 学士	master (*m.*) 修士	sciences humaines (*f.pl.*) 人文科学
littérature (*f.*) 文学	sociologie (*f.*) 社会学	histoire (*f.*) 歴史	économie (*f.*) 経済学
physique (*f.*) 物理学	droit (*m.*) 法学	médecine (*f.*) 医学	psychologie (*f.*) 心理学
mathématiques (*f. pl.*) 数学	informatique (*f.*) 情報科学		bourse d'études (*f.*) 奨学金

8.2 **Chère Aki**

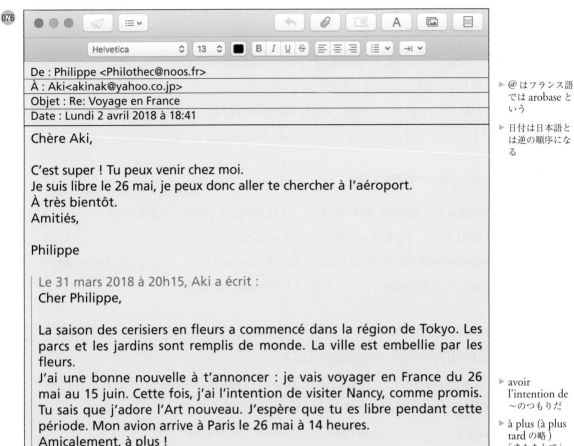

De : Philippe <Philothec@noos.fr>
À : Aki<akinak@yahoo.co.jp>
Objet : Re: Voyage en France
Date : Lundi 2 avril 2018 à 18:41

Chère Aki,

C'est super ! Tu peux venir chez moi.
Je suis libre le 26 mai, je peux donc aller te chercher à l'aéroport.
À très bientôt.
Amitiés,

Philippe

Le 31 mars 2018 à 20h15, Aki a écrit :
Cher Philippe,

La saison des cerisiers en fleurs a commencé dans la région de Tokyo. Les parcs et les jardins sont remplis de monde. La ville est embellie par les fleurs.
J'ai une bonne nouvelle à t'annoncer : je vais voyager en France du 26 mai au 15 juin. Cette fois, j'ai l'intention de visiter Nancy, comme promis. Tu sais que j'adore l'Art nouveau. J'espère que tu es libre pendant cette période. Mon avion arrive à Paris le 26 mai à 14 heures.
Amicalement, à plus !

Aki

▶ @ はフランス語では arobase という

▶ 日付は日本語とは逆の順序になる

▶ avoir l'intention de ～のつもりだ

▶ à plus (à plus tard の略)「またあとで」@＋と書くこともある

Grammaire

受動態 *Passif*

作り方：**être** + 過去分詞 + **par (de)**　　　＊過去分詞は主語と性数一致
Les cerisiers sont photographiés par des touristes.　　桜は観光客によって写真にとられる.
Dans ce village, le maire est aimé de tout le monde.　　この村では, 村長は皆から好かれている.
＊状態を示すときは de を使うことが多い.

接続詞 que を使った表現 *Expressions avec la conjonction « que »*　　(que の後が直説法のもの)

j'espère que	「～と期待する」	J'espère que mon père me laisse sa voiture. 父さんが車を使わせてくれたらいいな.
je crois que	「～と思う」	Je crois qu'ils vont bientôt se marier. 二人はもうすぐ結婚すると思うよ.
je sais que	「～のことを知っている」	Nous savons que vous êtes très occupé. とてもお忙しいことはよく存じてあげております.

Combien de temps restes-tu à Bruxelles ? —Deux mois.　どのくらいブリュッセルに滞在するの？ —2 カ月.

$\bullet\rightarrow$ *Exercices* $\leftarrow\bullet$

1 （　）内の動詞を受動態にしましょう．時制は（　）内の指示で．*Conjuguez à la voix passive.*

1. La réunion (reporter) au 10 novembre. (現在 *présent*)

2. Mon père (respecter) de tout le monde. (半過去 *imparfait*)

3. Plusieurs personnes (blesser) par cet attentat. (複合過去 *passé composé*)

4. J' (hospitaliser) pendant un mois. (複合過去 *passé composé*)

2 Aki のメールについて，適切な答にチェックしましょう．*Cochez les bonnes cases*

1. Aki a écrit son courriel quel jour ?

　　　　　　　　　　☐ Le 31 mars 　☐ Le 2 avril 　☐ Le 26 mai

2. Combien de temps reste-t-elle en France ?

　　　　　　　　　　☐ 8 jours 　　☐ 3 semaines 　☐ 1 mois

3. Quelle ville veut-elle visiter ? 　☐ Tokyo 　　☐ Paris 　　☐ Nancy

4. À quelle heure arrive son avion à Paris ?

　　　　　　　　　　☐ À 14 heures 　☐ À 18h41 　☐ À 20h15

3 （　）内の中の動詞を複合過去か半過去のいずれか相応しい方で，適切に活用しましょう．
Conjuguez au passé composé ou à l'imparfait.

Hier après-midi, je (aller) chercher mon amie japonaise à l'aéroport. Puis, nous (prendre) le TGV pour Nancy. Je pense qu'elle (être) fatiguée mais elle (avoir) l'air contente. Le soir, nous (dîner) dans un restaurant du vieux Nancy. C' (être) délicieux.

4 フランス語にしましょう．*Traduisez.*

1. 彼女が去年結婚したことを知っていますか？(結婚する se marier)

2. 本当 (vrai) ですか？知りませんでした．(savoir の半過去)

VOCABULAIRE　　　　　　趣味 (Les loisirs)

lecture (*f.*) 読書　　jardinage (*m.*) ガーデニング　　bricolage (*m.*) 日曜大工　　voyage (*m.*) 旅行
shopping (*m.*) 買い物　　promenade (*f.*) 散歩　　jeux-vidéo (*m. pl.*) テレビゲーム
BD (*f.*) マンガ　　dessin animé (*m.*) アニメ　　faire de la photo 写真を撮る　　jouer/faire du piano
(du violon, de la flûte, de la guitare) ピアノ（ヴァイオリン，フルート，ギター）を演奏する／たしなむ

Communication

077 これだけ覚えてフランスへ行こう ✈

Vous restez combien de temps en France ?
フランスにはどのくらい
滞在のご予定ですか

Deux semaines.
2週間です

Pourquoi tu n'es pas venue à la fête hier ?
どうしてきのうパーティに
来なかったの

Parce que j'étais malade.
病気だったの

Qu'est-ce qui t'est arrivé ?
どうしたんだい

On m'a volé mon passeport !
パスポートを
盗まれちゃった

J'espère qu'on va gagner.
勝てればいいなあ

Moi aussi, mais j'ai peur.
うん でも ぼくは
こわいんだ

余裕があったら覚えよう

À mon avis 私の意見では	Pour moi 私としては	D'après moi 私が思うに
Je pense que... 〜と考える	Je trouve que... 〜と思う（判断）	Je crois que... 〜と思う・信じる
Je suis d'accord. 賛成です	Je ne suis pas d'accord. 賛成ではありません	
Absolument 絶対	Peut-être たぶん	Pas du tout. 全然

078 もっと話したい！

Que faisiez-vous hier soir à huit heures ?
きのうの夜8時に何をしていましたか

Je regardais la télévision.
テレビを見ていました

1. Je préparais la cuisine. 料理を作っていた
2. Je mangeais chez moi. 自宅で食事中だった
3. Je lisais un roman. 小説を読んでいた
4. Je surfais sur Internet. ネットを見ていた

Tu penses que c'est dangereux ?
危険だと思う

Je ne sais pas.
知らない

1. c'est gratuit 無料
2. c'est intéressant 面白い
3. c'est ouvert 開いている
4. c'est déjà fermé もう閉まっている

Je crois que non.

1. Bien sûr. もちろん
2. Peut-être. たぶん
3. Non, pas du tout. いえ，全然
4. Je crois que oui. そう思う

もっと知りたい

複合過去と半過去の使い分け   *Emploi de l'imparfait et du passé composé*

「昨日，CDを買った」とか「2時間勉強した」とか「…した」，と言いたいときは複合過去を使えばいい．ほとんどはこれで十分．

「あれは冬の午後だった…」とか「昨日，電車を待っているときだった…」とか過去の時点に身を置く回想モードにはいるときは，半過去を使おう．半過去は行為が継続していることを示し，それを背景にして何かが起きることを聞き手に予想させる．

　Je lisais un journal quand le téléphone a sonné. 新聞を読んでいると電話が鳴った．

「ある時点」で「（そのときは）～していた」と状態を示したいときは半過去がぴったり．

　Pourquoi tu n'es pas venue au concert ? — Parce que j'étais fatiguée.
　どうしてコンサートに来なかったの？　　　　　　疲れていたの．

間違えやすいのは「私は神戸に2年間暮らした」などの文．このような期間が限定されているときは複合過去を使います（現在の視点からひとまとまりの過去として見るから）．

　J'ai vécu deux ans à Kobe.

ヨーロッパの首都,アルザスのストラスブール
係争の地から統合の中心のひとつへ

079 **VIII L'Alsace**

« L'Alsace a toujours été pour moi comme un paradis perdu. »
André Maurois

街のシンボルはノートルダム大聖堂.赤み
を帯びた砂岩からなり,尖塔がひとつしか
ない独特のゴシック建築だ.アルザス人た
ちの誇りでもある.

イール川に囲まれたストラスブールの美観
地区はプチット・フランス (Petite France) と
呼ばれる.その昔,皮なめし職人が多く住
んでいたところで,古い木組みの家がよく
保存されている.

Le Rhin marque une frontière naturelle entre la France et l'Allemagne. L'Alsace, située à l'ouest du Rhin, a été tour à tour allemande et française. Elle est redevenue française en 1945, à la fin de la Deuxième Guerre mondiale. Ce double héritage historique fait de l'Alsace une région particulièrement riche sur le plan culturel. En Alsace, on parle encore l'alsacien, qui est un dialecte germanique proche de l'allemand.

Les villages alsaciens sont charmants avec leurs maisons à colombages, et leurs cheminées où autrefois, les cigognes avaient l'habitude de faire leur nid. Dans cette région, où les hivers sont très froids, les cigognes étaient attendues avec impatience, car elles annonçaient le retour du printemps.

Strasbourg, capitale de l'Alsace, est aujourd'hui le siège du Conseil de l'Europe et du Parlement européen.

「アルザスは私にとっていつも失われた楽園のようなものだった」

アンドレ・モーロワ（1885-1967. 作家・評論家）

　欧州の十字路と呼ばれるストラスブールは，その重要性により複雑な歴史を生きてきた．アルザスはロレーヌ地方とともに常にドイツとの領土紛争の的となり，この2地方が最終的にフランスに帰属することになったのは第二次世界大戦後である．そのためフランスの地でありながら，ドイツを思わせるものも多い．コロンバージュ（ハーフティンバー）とよばれる木組みに漆喰をつめた家，塩漬けキャベツを白ワインで煮込み，ソーセージを添えた名物料理のシュークルートもそうした例である．

La cuisine alsacienne

　La cuisine alsacienne est riche en charcuterie. La choucroute est un plat alsacien, composé de choux, finement découpés et légèrement fermentés. Elle est accompagnée de saucisses et de pommes de terre.

　Les vins alsaciens sont en grande partie des vins blancs : le Riesling, le Gewurztraminer et le Sylvaner sont les plus connus.

伝統のシュークルートは，ソーセージなどの豚肉加工製品が盛りだくさんだが，近年ではヘルシー志向で，魚を添えた choucroute aux poissons もある．

アルザスにはコルマールやリックヴィルなど，小さな愛らしい街が多くある．ワイン街道と呼ばれる道をたどり，そうした街を訪ねてはワインを試飲するのもアルザスの旅の楽しみだ．

Vrai ou faux ?

	vrai	faux
1. L'Alsace a toujours été une région française.	☐	☐
2. L'alsacien est un dialecte germanique.	☐	☐
3. Chaque été, les cigognes reviennent en Alsace.	☐	☐
4. Les meilleurs vins d'Alsace sont des vins blancs.	☐	☐

Le saviez-vous?

 Le marché de Noël de Strasbourg est l'un des plus anciens d'Europe.

Unité 9

Dialogue 1 | *9.1* **Le programme des visites**

080

Philippe	: Demain matin, on visitera la place Stanislas.
Aki	: Et le musée de l'École de Nancy, n'est-ce pas ?
Philippe	: Bien sûr. L'après-midi, on se promènera dans le vieux Nancy.
Aki	: Et après-demain, on partira pour Strasbourg ?
Philippe	: Certainement. Et on ira ensuite à Colmar.
Aki	: Est-ce qu'on aura le temps de visiter un village alsacien ?
Philippe	: Oui. Ribeauvillé, par exemple, c'est très joli, tu verras.
Aki	: Et quel est le programme de ce soir ?
Philippe	: Mon père nous fera goûter sa spécialité régionale.
Aki	: On dînera au restaurant avec lui ?
Philippe	: Non, à la maison. C'est lui qui nous préparera le repas.

▸ faire + 不定法
〜させる（使役）

スタニスラス広場
(place Stanislas).
ロレーヌ地方の中
心都市，ナンシー
にある．格子と金
の装飾が周辺の建
物と調和して美し
い．

École de Nancy
ナンシー派：エ
ミール・ガレを中
心としたこの地方
の工芸家による芸
術運動

Grammaire

単純未来 *Futur simple*

	visiter			être			avoir	
je	visiterai	nous visiterons	je	serai	nous serons	j'	aurai	nous aurons
tu	visiteras	vous visiterez	tu	seras	vous serez	tu	auras	vous aurez
il	visitera	ils visiteront	il	sera	ils seront	il	aura	ils auront

作り方：語尾は全ての動詞に共通．語幹は多くは不定法と同じだが例外もある．

aller → j'ir**ai** voir → je ver**rai** faire → je fe**rai** venir → je vien**drai** pouvoir → je pour**rai**

用法：1. 未来の事柄を表わす　2. 2人称では命令を示す「〜する（だろう）／しましょう」

1. Il partira pour Londres dans huit jours.　　1週間後，彼はロンドンに向けて出発する．
2. Vous terminerez ce travail avant vendredi.　この仕事を金曜までに仕上げて下さい．

74

❶ (   ) 内の動詞を単純未来形にしましょう. *Conjuguez les verbes au futur.*

1. Il ne (pouvoir) pas venir avec nous ce soir.
2. Demain, nous (aller) à Strasbourg et nous (visiter) la cathédrale.
3. Je te (téléphoner) quand j'(arriver) à Bordeaux.
4. En 2024, il y (avoir) les Jeux Olympiques à Paris.

❷ ディアローグに関して次の質問に答えましょう. *Répondez.*

1. Qu'est-ce que Philippe et Aki visiteront à Nancy ?
2. Après Nancy, où iront-ils ?
3. Quand partiront-ils pour Strasbourg ?
4. Est-ce qu'ils dîneront au restaurant ?

081 **❸** 音声を聞いて，どんな予定なのか適切な答にチェックしましょう.
Écoutez et cochez les bonnes cases.

Qu'est-ce qu'on fera demain ? Et après-demain ?

1. Demain matin, on visitera
□ le château de Versailles. □ le musée du Louvre.
2. L'après-midi, on ira voir □ le palais de l'Élysée. □ la tour Eiffel.
3. Après-demain, on partira pour □ Versailles. □ Marseille.
4. Le soir, on dînera □ dans un bon restaurant. □ à la maison.

❹ フランス語にしましょう. 動詞は単純未来形で. *Traduisez.*

1. 私たちは来年ブルターニュを訪れます.
2. 私はイタリアに車で行きます.

VOCABULAIRE 観光 (Le tourisme)

cathédrale (*f.*) 大聖堂 église (*f.*) 教会 château (*m.*) 城 musée (*m.*) 美術館・博物館
monument historique (*m.*) 歴史的建造物 billet d'entrée (*m.*) 入場券
office de tourisme (*m.*) 観光案内所 touriste 旅行者 guide (*m.*) ガイド
visite guidée (*f.*) ガイドツアー fête (*f.*) 祭り marché (*m.*) 市場 souvenir (m.) おみやげ
agence de voyage (*f.*) 旅行代理店 séjour linguistique (*m.*) 語学研修
appareil numérique (*m.*) デジタルカメラ smartphone (*m.*) スマホ

Dialogue 2 ## 9.2 **Le dîner en famille**

Le père : Alors, comment trouvez-vous notre région ? Ça vous a plu ?

Aki : Super ! Nancy est une très belle ville.

Le père : Vous êtes allés au musée de l'École de Nancy ?

Aki : Oui, on y est allés hier. C'était très intéressant.

Le père : Et demain, que ferez-vous ?

Aki : Je pense que nous ferons la Route des Vins. ▶ la Route des vins
ワイン街道

Le père : Vous connaissez les vins alsaciens ?

Aki : Un peu, j'en ai déjà goûté au Japon.

Le père : Eh bien. En attendant le repas, vous prenez un apéritif ?

Aki : Oui, volontiers.

Après le dîner ▶ quiche lorraine
キッシュ・ロレーヌ
つくり方は p. 49

Aki : Qu'est-ce que c'était bon ! Je n'ai jamais mangé
une quiche lorraine aussi délicieuse !

Grammaire

ジェロンディフ *Gérondif* **en** + 動詞の現在分詞 (-ant)
1. 同時性を示す「〜しながら」. 2. 文脈によって手段・条件・理由などを表わす.
1. Il prend une douche **en** chantant. 彼は歌いながら，シャワーを浴びる.
2. **En** faisant du sport, tu maigriras. スポーツをすれば，やせるよ.

感嘆文 *Exclamation*
Qu'est-ce que c'est beau ! なんてきれいなんだろう！ **Que** c'est bon ! なんておいしいんだろう！
Comme il chante bien ! 彼はなんて上手に歌うんだろう！ **Quelle** surprise ! なんという驚き！

y 1. à + 名詞 2. 場所を表わす前置詞 + 名詞に代わる ▶ 動詞（助動詞）の前に置くことに注意.
1. Vous pensez à vos vacances d'été ? -Oui, j'y pense.
夏休みについて考えてますか？ ―ええ，考えてます.
2. Vous allez à Nice ? -Oui, j'y vais en octobre. ニースへ行きますか？ ―10月に行きます.
Ils sont dans l'église ? -Oui, ils y sont. 彼らは教会の中にいる？ ―ええ，います.
Tu es déjà allé en Italie ? -Oui, j'y suis allé il y a deux ans. イタリアに行った？ ―ええ，2年前.

en 1. 不定冠詞・部分冠詞，数量表現に続く名詞を受ける 2. de + 名詞に代わる
1. Vous avez de la monnaie ? -Oui, j'en ai. 小銭はおもちですか？ ― はいもってます.
Vous avez un couteau ? -Oui, j'en ai un. ナイフはありますか？ ― はい1本あります.
2. Il t'a parlé de ses problèmes ? -Non, il ne m'en a pas parlé.
彼は君に彼の問題を話しましたか？ ― いいえ，しませんでした.（parler de 〜 〜のことについて話す）

1 ( ) 内の動詞をジェロンディフに変えましょう. *Mettez les verbes au gérondif.*

1. (Sortir) du cinéma, elle a rencontré son ex-ami.

2. On peut discuter (prendre) un apéritif.

3. (Consulter) Internet, tu pourras retrouver tes anciens amis.

4. Tu ne dois pas traverser la rue (regarder) ton smartphone.

2 ( ) 内に y, en のいずれかを入れて文を完成させましょう. *Complétez avec un pronom neutre.*

1. Demain, on va au centre-ville ? – Oui, on ( ) va.

2. Voulez-vous du café ? – Non merci, je viens d'( ) prendre.

3. Tu penses à quoi ? À ton examen ? – Oui, j'( ) pense tous les jours.

4. Je cherche des meubles anciens. Vous ( ) avez ? – Naturellement. On ( ) a beaucoup.

083 **3** 音声を聞いて .... に comme, quelle, qu'est-ce que (qu') のいずれかの語句を補い，感嘆文をつくりましょう. *Complétez.*

1. .... c'était bon !

2. .... il fait chaud, aujourd'hui !

3. .... c'est calme !

4. .... belle journée !

Qu'est-ce qu'elles sont bonnes, les glaces ici !

4 フランス語にしましょう. *Traduisez.*

1. 私は音楽を聴きながら掃除をする.

2. ダイニングに椅子はいくつありますか？ —4つあります.

VOCABULAIRE

家 (La maison)

pièce (*f.*) 部屋	chambre (*f.*) 寝室	salle de séjour (*f.*) リビング	entrée (*f.*) 玄関
salle de bain(s) (*f.*) 浴室	toilettes (*f. pl.*) トイレ	cuisine (*f.*) 台所	salle à manger (*f.*) ダイニング
escalier (*m.*) 階段	porte (*f.*) ドア	fenêtre (*f.*) 窓	rez-de-chaussée (*m.*) 1階
premier étage (*m.*) 2階	jardin (*m.*) 庭	garage (*m.*) 車庫	meuble (*m.*) 家具
chaise (*f.*) 椅子	table (*f.*) テーブル	placard (*m.*) 戸棚，クローゼット	
lit (*m.*) ベッド	canapé (*m.*) ソファ	grenier (*m.*) 屋根裏	toit (*m.*) 屋根

Communication

084 これだけ覚えてフランスへ行こう ✈

On va à la piscine ?
プールに行こうか

D'accord, on y va.
OK 行こう

On attend encore Godot ?
まだゴドーを待つのかい

En attendant, jouons aux cartes.
トランプをしながらね

Tu crois qu'elle m'aime ?
彼女はぼくのこと
好きかな

**Je ne sais pas.
On verra.**
さあ　わからないな
そのうちわかるさ

Ça ne va pas ?
どうかしたの

Elle m'a quitté.
彼女に振られたんだ

余裕があったら覚えよう

Tu ne veux pas aller au concert ?　コンサートに行かない？

On va prendre un verre ? Ça te dit ?　一杯飲まない？　どう？

Si on allait au cinéma ?　映画を見に行こうか？

- Avec plaisir. 喜んで　　　　- Volontiers. いいですとも　　　- Entendu. 了解

- Je veux bien. そうですね　　- Non, merci. 結構です

- Je suis désolé(e), je suis occupé(e). 残念ですが，用事があります

- Malheureusement, je ne suis pas libre. 残念ながら，空いていません

- Non, je ne peux pas. いえ，無理です

085 もっと話したい！

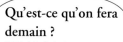

Qu'est-ce qu'on fera demain ?
明日はどうするの

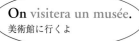

On visitera un musée.
美術館に行くよ

1. ira au parc　　　　　　　　公園に行く
2. dînera au restaurant　　　レストランで食事
3. fera du shopping　　　　　買い物する
4. verra nos amis　　　　　　友だちに会う

Vous allez quand en France ?
いつフランスに行くの

J'y vais cet été.
この夏に行く

1. l'année prochaine　　　来年
2. dans deux ans　　　　 2年後
3. le mois prochain　　　来月
4. dans une semaine　　　1週間後

もっと知りたい

時間を表す表現

過去	現在	未来
avant-hier　一昨日　hier　昨日	aujourd'hui　今日	demain　明日　après-demain　明後日
la semaine dernière　先週	cette semaine　今週	la semaine prochaine　来週
le mois dernier　先月	ce mois-ci　今月	le mois prochain　来月
l'année dernière　去年	cette année　今年	l'année prochaine　来年
il y a deux heures　2時間前	maintenant　今	dans deux heures　2時間後

過去の場合は，il y a ＋数＋ heure(s)/jour(s)/an(s) で（時間 / 日 / 年）前を示す.
未来の場合は，dans ＋数＋ heure(s)/jour(s)/an(s) で（時間 / 日 / 年）後を示す.

Je suis allé au Québec il y a trois ans.
3年前にケベックに行きました.

Il rentrera dans deux semaines.
彼は2週間後に戻る.

Civilisation

絶えることなく書物に映画に，描かれてきた
フランスの国民的英雄，権勢と栄光の象徴を紐解く

086 **IX** # Trois grands personnages de l'histoire française

« Impossible n'est pas français. »

Napoléon Bonaparte

ピラミッド広場にあるジャンヌの
騎馬像は，動物を得意とした彫
刻家エマニュエル・フレミエ
Emmanuel Frémiet によるもの．普
仏戦争敗北後，フランス全土で国
威高揚のため，多くの勇ましい銅
像が建造されたものの一つ．

Jeanne d'Arc (1412-1431)

En 1424, les Anglais envahissent la France. C'est le début de la guerre de Cent ans. En Lorraine, Jeanne d'Arc, une jeune fille de 13 ans, très pieuse, entend une voix mystérieuse qui lui demande de sauver la France et d'aller combattre les Anglais. Quelques années plus tard, elle quitte la Lorraine et prend la tête de l'armée royale. Elle libère la ville d'Orléans. Mais elle est capturée par les Anglais en 1430. Accusée d'être une sorcière, elle est jugée et condamnée à mort. Elle sera brûlée vive en 1431 à Rouen. Jeanne d'Arc est à la fois un symbole national et religieux.

ルイ14世の威風堂々とした容貌
は，まさに太陽王の名にふさわし
い．

Louis XIV (1638-1715)

Au XVIIe siècle, Louis XIV renforce la centralisation du pouvoir. Il choisit le soleil comme symbole et se fait appeler le « Roi-Soleil ». Son règne est exceptionnellement long (72 ans avec la régence). Il fait construire le château de Versailles, symbole de la monarchie absolue et du faste. Louis XIV est

80

「余の辞書に不可能の文字はない」

ナポレオン・ボナパルト

　「オルレアンの乙女」ジャンヌは，ロレーヌ地方の村，ドンレミの裕福な農家に生まれた．13歳のとき
に「神の声」を聞く．太陽王，ルイ14世は，ルイ13世（1601-43）の長男として生まれ，4歳の時に父が死
去し，即位する．しかし当初は母后アンヌ・ドートリッシュ（1601-66）が摂政となり，宰相マザラン（1602
-61）が国政をとりしきり，親政を開始するまで18年待つことになる．皇帝ナポレオンは，コルシカ島の
アジャクシオに小貴族の子として生まれ，教育をうけるためにフランスへ．パリの陸軍士官学校で砲兵術
を専攻する．いずれも果敢な決断で自分を作り，フランスを作った象徴的人物である．

古典絵画の巨匠ダヴィッドによる
ナポレオンの肖像.

le symbole de la puissance et du rayonnement de la France.

Napoléon Bonaparte (1769-1821)

Napoléon est à la fois un grand général et un homme d'État. Il prend le pouvoir par un coup d'État en 1799. Et en 1804, il est sacré Empereur des Français. Il gagne de nombreuses batailles. L'Arc de Triomphe est construit pour célébrer sa victoire à Austerlitz. Il crée le Code civil, les départements et les préfets, les lycées et le baccalauréat ainsi que la Légion d'honneur. Napoléon symbolise à la fois la grandeur et la gloire militaire de la France.

凱旋門はアウステルリッツの戦いに勝利し
た記念に 1806 年にナポレオンの命により
建設が始まったが，完成は 30 年後．ナポ
レオンはすでに亡くなっていた.

Vrai ou faux ?

		vrai	faux
1.	Jeanne d'Arc a libéré la ville d'Orléans.	☐	☐
2.	Jeanne d'Arc était reine de France.	☐	☐
3.	Louis XIV était appelé le « Roi-Soleil ».	☐	☐
4.	Napoléon a perdu la bataille d'Austerlitz.	☐	☐

Le saviez-vous?

Louis XIV qui avait une passion pour le ballet était un excellent danseur.

Unité 10

Dialogue 1 10.1 **Une invitation**

Aki	: J'ai passé une semaine merveilleuse.
Philippe	: Alors, pourquoi ne pas rester encore quelques jours ?
Aki	: Si j'avais le choix, je resterais. Mais je dois aller à Nice pour le mariage d'un ami.
Philippe	: Tu pourrais revenir après le mariage.
Aki	: Mais, je voudrais visiter la Provence.
Philippe	: Justement, mes parents ont une villa sur la Côte d'Azur. On pourrait passer les vacances ensemble.
Aki	: C'est une bonne idée.

Grammaire

条件法現在　*Conditionnel présent*

visiter		être		avoir	
je	visiterais	je	serais	j'	aurais
tu	visiterais	tu	serais	tu	aurais
il	visiterait	il	serait	il	aurait
nous	visiterions	nous	serions	nous	aurions
vous	visiteriez	vous	seriez	vous	auriez
ils	visiteraient	ils	seraient	ils	auraient

作り方：語幹は単純未来と同じ，語尾は全ての動詞に共通

用法

1. 事実に反する仮定に基づいて，その結果を推測する.

　　si + 直説法半過去（現実に反する仮定），条件法現在

　Si j'**avais** le temps, je vous **accompagnerais**.　もし時間があれば，お送りするのですが.

2. 語気緩和（ていねいな表現）

　Je **voudrais** vous poser une question.　　　1つ質問があるのですが.

　Pourriez-vous me donner un verre d'eau ?　水を1杯いただけますか？

82

1 ( ) 内の動詞を条件法現在形にしましょう. *Conjuguez les verbes au conditionnel.*

1. Avec toi, je (être) le plus heureux des hommes.

2. Ça vous (dire) de partir à la montagne avec nous ce week-end ?
   −J'(aimer) bien, mais je ne suis pas libre.

3. On (pouvoir) aller faire un petit tour ?　−C'est une bonne idée.

4. Je (vouloir) réserver une chambre pour deux nuits, à partir du 1ᵉʳ mai.
   −Désolé, monsieur. C'est complet.

2 ( ) 内の動詞を条件法現在形にしましょう. 〔現実に反する仮定〕 *Conjuguez les verbes au conditionnel.*

1. Si vous étiez riche, où (habiter)-vous ?　−J'(habiter) sur une île.

2. Si tu gagnais au loto, que (faire)-tu ?　−Je (voyager) dans l'espace.

3. Si vous étiez président, que (faire)-vous ?　−Je (changer) tout.

088 **3** 音声を聞いて, 適切な答にチェックしましょう.
Écoutez et cochez les bonnes cases.

1. M. Lenoir voudrait réserver une chambre avec □ douche □ salle de bains
   pour □ une personne □ deux personnes.

2. Il voudrait réserver une chambre pour □ une nuit □ deux nuits.

3. La chambre fait □ 60 euros □ 70 euros la nuit.

4. Le petit déjeuner coûte □ 10 euros □ 15 euros.

5. M. Lenoir □ prend □ ne prend pas cette chambre.

4 フランス語にしましょう. *Traduisez.*

1. 予約をキャンセルしたいのですが.

2. もし私が大金持ち (millionnaire) なら, 世界一周 (le tour du monde) をするのだけど.

VOCABULAIRE　　　　ホテル (L'hôtel)

chambre avec douche (salle de bains) (*f.*) シャワー (バスルーム) 付きの部屋

chambre simple (double) (*f.*) シングル (ツイン) の部屋　　réserver 予約する　　annuler キャンセルする

réservation (*f.*) 予約　　clé / clef (*f.*) かぎ　　　　réception (*f.*) フロント

pour une nuit 1 泊　　petit déjeuner compris / non compris 朝食込／別　　complet 満室

 **Dialogue 2** · 10.2 **La fin des vacances**

089

Aki	: Les vacances sont déjà finies, je suis triste de partir.
Philippe	: Oui, c'est vraiment dommage que tu partes.
Aki	: Mais il faut absolument que tu viennes au Japon.
Philippe	: J'aimerais bien, mais… je viens juste d'être embauché.
Aki	: Écoute ! Tu viens quand tu veux et quand tu peux.
Philippe	: Quand je veux ? D'accord. Alors, je pars demain avec toi.
Aki	: Comment ? Mais ton travail ?
Philippe	: Je ne commence que dans un mois.
Aki	: Mais tu n'as pas de billet d'avion !
Philippe	: Si. J'ai un aller simple pour Tokyo.
Aki	: Je ne comprends pas. Mais qu'est-ce que ça signifie ?
Philippe	: En fait, je vais travailler dans une société japonaise.
Aki	: C'est vrai ? C'est vraiment super !

Grammaire

接続法現在　*Subjonctif présent*

partir		venir		être		avoir	
je	parte	je	**vienne**	je	**sois**	j'	**aie**
tu	partes	tu	**viennes**	tu	**sois**	tu	**aies**
il	parte	il	**vienne**	il	**soit**	il	**ait**
nous	part**ions**	nous	ven**ions**	nous	**soyons**	nous	**ayons**
vous	part**iez**	vous	ven**iez**	vous	**soyez**	vous	**ayez**
ils	part**ent**	ils	**viennent**	ils	**soient**	ils	**aient**

作り方：avoir と être は語幹・語尾ともに例外．それ以外は共通の語尾．
用　法：直説法が事実の客観的な叙述であるのに対し，接続法は話者の主観が反映する叙述に使
　　　　われ，以下のような特定の表現の後では，従属節の動詞には接続法が用いられる．

C'est dommage que je parte demain.　　残念ですが，明日出発します．
Il est possible que j'aie des congés en juillet.　7月に休暇が取れるかもしれない．
Il faut que tu viennes au Japon.　　ぜったい日本に来てね．

接続法を使う他の表現　*Expressions avec le subjonctif*

Je veux (crains, doute) que …　　　　　　　私は望む（おそれる，疑わしく思う）
Je suis heureux (content, triste) que …　　私はうれしい（満足，悲しい）
Il est nécessaire (obligatoire, possible) que …　必要（義務，ありうる）
Il vaut mieux (se peut) que …　　　　　　　～したほうがいい（ありうる）
Pourvu que …　　　　　　　　　　　　　　～だといいんだけれど

Exercices

1 （　）内の動詞を接続法現在形にしましょう. *Conjuguez les verbes au subjonctif.*

1. Je veux que tu (être) là demain matin à huit heures précises.
2. Elle est vraiment contente que vous (accepter) son invitation.
3. Je propose que nous (prendre) quelques minutes de repos.
4. Je ne crois pas qu'il (avoir) raison.

2 例にならって、「〜しなければならない」といいましょう. *Transformez les phrases comme dans l'exemple.*

例　Je pars. → Il faut que je parte.

1. Je vous laisse maintenant.
2. Je finis ce travail avant samedi.
3. Vous passez me voir avant de partir.

3 （　）内の動詞を接続法現在形に変え，アドヴァイスしましょう. *Conjuguez les verbes au subjonctif.*

1. Il vient en voiture ? – Non, je ne pense pas qu'il (venir) en voiture.
2. J'ai mal au ventre depuis hier. – Il vaut mieux que tu (aller*) chez le médecin.
   　*aller は不規則動詞
3. Il faut que vous (être) à l'aéroport avant 15 heures.
4. J'ai peur que tu (avoir) froid dans l'avion.

4 フランス語にしましょう. *Traduisez.*

1. あなたたちが私と一緒にいてくれてうれしい.
2. 私はあなたに私の家に来てほしい.

Pourvu que j'arrive à temps à la gare.

VOCABULAIRE　　　旅行 (Les voyages)

un billet pour ... への切符　　aller simple (m.) 片道　　aller-retour (m.) 往復
destination (f.) 行き先　　départ (m.) 出発（地）　　arrivée (f.) 到着（地）　　réservation (f.) 予約
passeport (m.) パスポート　　voyage organisé 団体旅行　　voyageur 乗客　　aéroport (m.) 空港
port (m.) 港　　monter dans le train / descendre du train 列車に乗る／降りる
correspondance (f.) 乗り換え　　quai (m.) ホーム　　en avion 飛行機で　　en bus バスで
en train 列車で　　en voiture 車で　　à pied 徒歩で　　à bicyclette / à vélo 自転車で　　en bateau 船で

090　こんな時はこう言おう ✈

Joyeux Noël !
メリークリスマス

Bonne Année !
新年おめでとう

Bon anniversaire !
誕生日おめでとう

Au secours !
助けて

Attention !
気をつけて

Au voleur !
泥棒

Bon voyage !
よい旅を

Bonnes vacances !
よい休暇を

Bonne continuation !
頑張って続けてね

余裕があったら覚えよう

Bravo ! すばらしい　　Félicitations ! おめでとう　　Bon courage ! 頑張って

Bonne chance ! 幸運を祈ります　　Bonne promenade ! いってらっしゃい

Amusez-vous bien ! 楽しんでらっしゃい　　Bon dimanche ! よい日曜日を

091 もっと話したい！

> Qu'est-ce que tu voudrais faire plus tard ?
> 将来何をしたいの

> J'aimerais être architecte.
> 建築家になりたいな

1. pilote d'avion　　　　パイロット
2. astronaute　　　　宇宙飛行士
3. professeur　　　　教員
4. dessinateur de BD　漫画家

> Qu'est-ce que je dois faire ?
> 何をすればいいですか

> Je voudrais que tu réserves un hôtel.
> ホテルを予約してほしいな

1. achètes les billets d'avion　航空券を買う
2. annules la réservation　　　予約をキャンセル
3. prépares les valises　　　　荷物を準備
4. fasses les courses　　　　　買い物をする

もっと知りたい

接続法 *Subjonctif*

接続法は，事実か事実に反するかは別として，話者の頭の中でイメージされていることです．必ず接続法を用いる表現を少しずつ覚えましょう．多くは目的・対立・譲歩などを意味します．

pour que / afin que ~　～するために　　　**bien que / quoique ~**　～にもかかわらず
avant que ~　～する前に　　　　　　　　　**jusqu'à ce que**　～するまで
sans que ~　～することなしに　　　　　　**à condition que**　～という条件で

Bien qu'elle **soit** très malade, elle va travailler.　重い病気なのに，彼女は仕事に行く．

Parlez plus fort **pour qu'**on vous **entende**.　聞こえるように，もっと大きな声で話してください．

Tu dois rentrer **avant qu'**il ne **fasse** nuit.　暗くなる前に帰らなきゃだめだよ．

Répète **jusqu'à ce que** tu l'**apprennes** par cœur.　暗記するまで繰り返しなさい．

Voici trois façons d'être écolo **sans que** ce **soit** trop contraignant.
これが，あまり面倒なく，環境に優しい3つの仕方です．

Je te prêterai ce livre **à condition que** tu me le **rendes** la semaine prochaine.
来週返してくれるという条件で，この本を君に貸しましょう．

あ, フランス語ととも世界に飛び出そう
言葉. 愛. 友情.

ORGANISATION
INTERNATIONALE DE
LA FRANCOPHONIE

092 **X** Le français dans le monde

« J'ai une patrie : la langue française. »

Albert Camus

アカデミー・フランセーズも入っているフ
ランス学士院. アカデミー・フランセーズ
設立当初の目的と役割は, フランス語の整
備統一で, 現在に至るまで辞書の編纂を行っ
ている.

プランテーション農園跡に残る立派な椰子
並木. 西インド諸島に属するマルティニッ
ク島は, 17世紀にフランスの植民地となっ
た. 1946年以降は, 海外県として扱われる.
近年ではスポーツ選手のみならず, 世界的
な文学者を輩出し, 新たな文化の震源のひ
とつになっている.

La langue française est dérivée du latin « vulgaire » comme l'italien ou l'espagnol. C'est une des langues les plus parlées au monde.

Aux XIIe et XIIIe siècles, le français devient en Europe la deuxième langue internationale après le latin. Mais pendant la Renaissance italienne, il perd sa suprématie face à l'italien. Au XVIIe siècle, le classicisme recherche la perfection et l'épuration de la langue. Ainsi, Richelieu fonde en 1634 l'Académie Française.

Au XVIIIe siècle, la langue française retrouve sa primauté grâce au rayonnement de la littérature et de la philosophie. Elle devient la langue diplomatique par excellence en Europe. Au XIXe siècle, la langue française bénéficie toujours d'un grand prestige culturel et politique. Elle est enseignée en Europe, dans les Amériques, ainsi que dans les empires coloniaux français et belge d'Afrique. Mais déjà, elle commence à perdre sa dimension universelle au profit de l'anglais qui dominera après le traité de Versailles de 1919.

「私にはフランス語という祖国がある」

アルベール・カミュ（1913-60.　作家）

　フランス人のフランス語への愛情の深さ，それは既に神話的である．しかし，それはまたフランス語を国際語として生き残らせようとする国家的プロジェクトと表裏一体になっていることも見逃してはなるまい．フランス語圏（francophonie）の団結を説くことで，英語の世界支配に歯止めがかけられるのだろうか．英語のフランス語への混入が問題となるなど，フランス語も揺れ続けている．

Cependant, le français a su garder une position privilégiée : il constitue aujourd'hui l'une des langues de travail de quelques institutions internationales comme l'ONU.

Le français est aussi la langue officielle des Jeux Olympiques avec l'anglais. C'est un Français, en effet, Pierre de Coubertin qui les rénove en 1893.

レオポール・セダール・サンゴール (1906-2001)
1960年に独立したセネガルの初代大統領．黒人文化をフランス語で表明したネグリチュード運動を1940年代にエメ・セゼールとともに牽引した．

カナダ東部のケベックは，北米のフランス語圏の中心地であり，独自な文化を育んでいる．ケベックのランドマークにもなっているホテル「ル・シャトー・フロンテナック」はほとんど要塞のよう．

ケベックの旗は，青地の白十字に，フランス王家の百合の紋章の配された「フルール・ド・リゼ（fleurdelisé）」．フランスとのつながりを感じさせる旗だ．

Vrai ou faux ?

		vrai	faux
1.	Le français est une des langues les plus parlées.	☐	☐
2.	Aux XIIᵉ et XIIIᵉ siècle, le latin était important.	☐	☐
3.	Au XVIIIᵉ siècle, le français a perdu sa primauté.	☐	☐
4.	Le français est la seule langue de travail de l'ONU.	☐	☐

Le saviez-vous?

La francophonie est l'ensemble des personnes et des pays parlant le français à travers le monde.

Civilisation plus

任期5年．強大な権力を持つ仏大統領
共和国の政治制度とは

093 **XI** **Le système politique**

« *Si l'État est fort, il nous écrase. S'il est faible, nous périssons.* »
Paul Valéry

パリのレピュブリック広場に聳えるマリアンヌ像は，まさにフランス共和国の象徴．この広場はデモの出発地点でもある．

ドラクロワの描いた「民衆を導く自由の女神」は，過去の革命の思い出であるだけでなく，フランス人にとって自由の原風景とも言える．

La France est une République démocratique et laïque. La première République a été instaurée en 1792 au lendemain de la Révolution française. La Ve République est le régime actuel de la France depuis 1958. C'est un régime à la fois parlementaire et présidentiel. Le Parlement peut renverser le gouvernement en cas de désaccord, mais le Président ne peut pas être renversé.

Le pouvoir exécutif

Le Président de la République et le Premier ministre se partagent le pouvoir exécutif.

Le Président de la République, chef de l'État est élu au suffrage universel direct pour 5 ans. Ses pouvoirs sont importants : il nomme le Premier ministre et dirige le Conseil des ministres. Il peut consulter directement le peuple par référendum. Il est aussi le chef des armées.

Le Premier ministre forme le gouvernement. Les membres sont choisis et nommés avec l'accord du Président. Il conduit la politique

「国家は強大ならば，私たちを押しつぶすだろう．弱ければ，私たちは滅びるだろう．」

ポール・ヴァレリー（1871-1945，作家）

　現在の第五共和制は，アルジェリア独立戦争をめぐる混乱のなかで成立し，ド・ゴール大統領に強大な権力を授けた．当初大統領の任期は 7 年であったが，2000年，シラク大統領の時に 5 年と変更．現在では，任期も 2 期までと制限されている．その権限は首相の任命（閣僚は首相の推薦によって大統領が任命），閣議の主宰，国民議会の解散などの他に，国民投票（referendum）の実施の提案もある．これは法律案や条約批准などの大統領の提案に国民が直接 Oui か Non で答える形態．

du pays. Il a l'initiative des lois et il en assure l'exécution. Il est responsable de la politique du gouvernement devant l'Assemblée nationale.

17 世紀はじめマリー・ド・メディシスのために建てられたリュクサンブール宮は 1789 年以来元老院 (Sénat) として用いられている．元老院議員は間接普通選挙によって選ばれる．

Le pouvoir législatif

Le Parlement, composé de l'Assemblée nationale et du Sénat, exerce le pouvoir législatif. Les députés sont élus au suffrage universel direct pour 5 ans. Les sénateurs sont élus pour 6 ans au scrutin indirect par les députés et les représentants des collectivités locales. Le rôle du Parlement est de préparer et de voter les lois et le budget. Il contrôle aussi l'action du gouvernement. Les Français ont le droit de voter à partir de 18 ans.

ラテン語でガリア（現在のフランスのローマ時代の名前）と鶏が同じ単語であったことから，雄鶏もフランスのシンボルだ．

フランスの通常切手のモチーフは伝統的にマリアンヌ，様々なヴァージョンがある．

Vrai ou faux ?

	vrai	faux
1. La France est une monarchie.	☐	☐
2. Le Président de la République peut être renversé.	☐	☐
3. Le Premier ministre dirige le Conseil des ministres.	☐	☐
4. Le Parlement exerce le pouvoir législatif.	☐	☐

Le saviez-vous?

 Le coq est un emblème de la France parce qu'en latin, le mot « gallus » signifie à la fois « gaulois » et « coq ».

91

練習問題 （*Questions supplémentaires*）

1. La France

1. Quelles sont les grandes villes françaises ?
2. Quels sont les fleuves français ?
3. Quelles sont les frontières naturelles de la France ?
4. Qu'est-ce que la Corse ?

2. Paris

1. Qu'est-ce que la Sorbonne ?
2. Qu'est-ce que « Notre Dame » ?
3. Quels sont les musées importants de Paris ?
4. Quel est le symbole de Paris ?

3. Les cafés

1. Est-ce qu'on va au café seulement pour boire ?
2. Qui a fondé le plus vieux café de Paris ?
3. Qui a fréquenté le Procope ?
4. Quels écrivains ont fréquenté le « Café de Flore » et « Les Deux Magots » ?

4. La vie des étudiants

1. Pourquoi certains étudiants choisissent-ils la colocation ?
2. Quels sont les jobs traditionnels des étudiants ?
3. Jusqu'à quel âge l'école est-elle obligatoire en France ?
4. Pourquoi le diplôme du baccalauréat est-il si important ?

5. Le pain, le vin et le fromage

1. Quels sont les aliments les plus anciens du monde occidental ?
2. Que représentent le pain et le vin dans la religion catholique ?
3. Quelles sont les grandes régions de vin en France ?
4. Il existe combien de variétés de fromages en France ?

92

6. La Bretagne

1. Où est située la Bretagne ?
2. Quelle est l'origine des Bretons ?
3. Quel est l'ingrédient de base de la cuisine bretonne ?
4. Quelle est la différence entre les crêpes et les galettes ?

7. La Provence

1. Où se trouve la Provence ?
2. Quel est le climat de la Provence ?
3. Quels sont les festivals importants de Provence ?
4. Quel est l'ingrédient de base de la cuisine provençale ?

8. L'Alsace

1. Où se trouve l'Alsace par rapport au Rhin ?
2. En quelle année l'Alsace est-elle redevenue française ?
3. Quelles institutions européennes ont leur siège à Strasbourg ?
4. Qu'est-ce que la choucroute ?

9. Trois grands personnages de l'histoire française

1. En quelle année débute la guerre de Cent ans ?
2. Qui a fait construire le château de Versailles ?
3. Qui a créé le Code civil, les lycées et le baccalauréat ?
4. Pourquoi l'Arc de Triomphe a-t-il été construit ?

10. Le français dans le monde

1. De quelle langue est dérivé le français ?
2. Pourquoi le français devient-il important au XVIIIe siècle ?
3. Quelle langue dominera dans le monde après le traité de Versailles ?
4. Pourquoi le français est-il une langue officielle des Jeux Olympiques ?

Exprimer ses goûts et ses préférences

好き嫌いを表現する

フランス語では自分の意見をはっきり言うのが重要！
好き嫌いをしっかり言ってみよう．

好きなとき	嫌いなとき
+++　J'adore	-　　Je n'aime pas beaucoup
++　　J'aime beaucoup	- -　Je n'aime pas
+　　　J'aime bien	- - -　Je déteste

① 名詞の場合 AIMER + 定冠詞 + 名詞

例　Vous aimez le café ?　コーヒーは好きですか？　– Oui, j'aime beaucoup.　—ええ，とても．

– Non, pas du tout.　—いえ．全然．

例にならって，以下の言葉を使って，近くの人に好き嫌いを聞いてみましょう．

Comme dans l'exemple, demandez à votre voisin(e) ses goûts en utilisant le vocabulaire ci-dessous.

le café　　*le football*　　**le fromage** 　　le cinéma　　la danse

la musique classique　　**la montagne**　　la mer　　le jazz

le sport　　les BD　　le thé　　les gâteaux 　　**le rock**

les vacances　　*les parfums*　　**le chocolat**　　l'anglais

les mathématiques　　**la poésie**　　*l'histoire*　　le shopping

LES ENFANTS 　　les animaux　　les voyages

Aaah !
Je déteste les araignées !

les chiens

Le tennis, j'adore ça !

les oiseaux

les chats

② 動詞の場合 AIMER + 動詞不定詞

例　Vous aimez regarder la télévision ?

あなたはテレビを見るのが好きですか？

−Non, je préfère aller au cinéma.

―いいえ，映画に行く方が好きです．

例にならって，以下の動詞表現を使い，近くの人に好き嫌いを聞いてみましょう．

Comme dans l'exemple, demandez à votre voisin(e) ses goûts.

voyager　**chanter**　*faire du sport*　cuisiner

lire　surfer sur Internet　*écouter de la musique*

voyager à l'étranger　*parler français*　*danser*

③ 複数のものを比較して，より好きなものを言う場合

1. 名詞の場合 PRÉFÉRER + 定冠詞 + 名詞

例　Vous préférez le café ou le thé ?　−Moi, je préfère le thé.

コーヒーと紅茶，どちらが好きですか？　　　―私は紅茶です．

例にならって，隣の人に好き嫌いをたずねてみましょう．

Comme dans l'exemple, demandez à votre voisin(e) ses goût.

la mer ou la montagne	海，それとも，山
les chiens ou les chats	犬，それとも，猫
le football ou le tennis	サッカー，それとも，テニス

2. 動詞の場合 PRÉFÉRER + 動詞不定詞

例　Tu préfères faire la cuisine ou faire la vaisselle ?

料理を作るのと，皿洗いするのと，どっちが好き？

−Je préfère manger.　―食べるほうが好き．

例にならって，以下の動詞表現を使い，近くの人に好き嫌いを聞いてみましょう．

Comme dans l'exemple, demandez à votre voisin(e) ses goûts.

voyager en train ou en voiture	列車の旅行，それとも，車の旅
travailler seul(e) ou en équipe	個人作業，それとも，集団作業
manger à la maison ou au restaurant	家で食べる，それとも，外食

Marie, je te présente John, mon meilleur ami.
マリー，ぼくの親友のジョンを紹介します

Enchanté.
はじめまして

Oh pardon, excusez-moi !
あっ　すみません

Je vous en prie.
いいえ

On peut fumer ici ?
煙草をすってもいい

Non, c'est interdit.
ここは禁煙です

Je vois un beau mariage...
すばらしい結婚が見えます…

Mais, je suis déjà marié !
でも，もう結婚しているんですけど！

Allô, c'est moi.
もしもし，わたしです

Ça y est. C'est les vacances !
やった　バカンスだ

複合時制 *Temps composés*

複合過去の作り方は《助動詞（avoir / être）の現在形＋過去分詞》ですが，同じように半過去から大過去，単純未来から前未来，条件法現在から条件法過去，接続法現在から接続法過去を作ることができます.

1 直説法大過去：助動詞（avoir / être の半過去形）＋過去分詞
大過去は，過去の一時点ですでに完了している行為・状態を示す. 過去完了.

> Quand nous sommes arrivés à la gare, le train **était** déjà **parti.**
> 私たちが駅に着いたとき，列車はすでに出てしまっていた.

2 直説法前未来：助動詞（avoir / être の単純未来形）＋過去分詞
未来の一時点ですでに完了している行為・状態を示す. 未来完了.

> Quand tu arriveras à notre bureau, nous **aurons** tout **préparé.**
> きみが私たちの事務所に着くときには，すべて用意し終えているでしょう.

3 条件法過去：助動詞（avoir / être の条件法現在形）＋過去分詞
A. 過去の事実に反する仮定に対し，その帰結を述べる.

> S'il avait fait beau hier, je **serais allé(e)** à la plage.
> もし昨日晴れていたなら，海に行ったのに.

B. 過去の事柄に関する語調の緩和（この表現は覚えておくと便利）

> Tu **aurais dû** dire la vérité.　きみは本当のことを言うべきだったのに（devoir の条件法過去）
> Vous **auriez pu** me prévenir.　僕に前もって言うこともできたのに（pouvoir の条件法過去）

4 接続法過去：助動詞（avoir / être の接続法現在形）＋過去分詞
接続法は話し言葉や通常の文章では現在と過去しか使いません.
主節の動詞に対して，未完了のことを示すには現在を，完了したことを示すときは過去を使います.

> Je suis heureux que vous **soyez venu(e).**　来ていただいてうれしく思います.
> (Je voulais qu'il **vienne** ce soir-là.　その晩，私は彼に来てほしかった.)

> Quand vous arriverez à Paris,
> j'aurai tout préparé.

綴り字と発音

① 母音字の読み方

094 **a, à, â** [a/ɑ]　　　　ア　　　face [fas]（面）, là [la]（そこ）, âme [ɑm]（魂）

　　 é 　　[e]（鋭い）エ　　bébé [bebe]（赤ん坊）

　　 è, ê 　[ɛ]（広い）エ　　père [pɛr]（父）, crêpe [krɛp]（クレープ）

　　 e 　　[e/ɛ]　　　　エ　　（子音字で終わる音節で）projet [prɔʒɛ]（計画）

　　 e 　　[ə]（軽い）ウ　　（e で終わる音節で）repas [r(ə)pɑ]（食事）

　　 e 　　[無音]（語末で）　　amie [ami]（女友だち）

　　 i, î, y [i]（鋭い）イ　　pipe [pip]（パイプ）, île [il]（島）, pyjama [piʒama]（パジャマ）

　　 o, ô 　[o/ɔ]　　　　オ　　vélo [velo]（自転車）, hôtel [otɛl]（ホテル）

　　 u, û 　[y]（鋭い）ユ　　bus [bys]（バス）, flûte [flyt]（フルート）

② 特別な読み方をする母音字の組み合わせ

095 **ai, ei** [ɛ]　　　　　エ　　saison [sɛzɔ̃]（季節）, neige [nɛʒ]（雪）

　　 au, eau [o]　　　　オ　　aussi [osi]（同じく）, chapeau [ʃapo]（帽子）

　　 eu, œu [ø/œ]（開いた）ウ　jeu [ʒø]（ゲーム）, cœur [kœr]（心）

　　 ou 　　[u]（強い）ウ　　bouquet [bukɛ]（花束）

　　 oi 　　[wa]　　　　ワ　　soir [swar]（晩）

③ 母音字 + m, n（鼻母音をつくる組み合わせ）

096 **an, am** ⌐ [ɑ̃] アン　　enfant [ɑ̃fɑ̃]（子供）, lampe [lɑ̃p]（電灯）
　　 en, em ⌐ （口を縦に開く）ensemble [ɑ̃sɑ̃bl]（いっしょに）

　　 on, om 　[ɔ̃] オン　　bonjour [bɔ̃ʒur], nom [nɔ̃]（名前）

　　 un, um 　[œ̃] アン　　lundi [lœ̃di]（月曜）, parfum [parfœ̃]（香水）

　　 in, im ⌐ 　　　　　　　vin [vɛ̃]（ワイン）, timbre [tɛ̃br]（切手）
　　 yn, ym ｜ [ɛ̃] アン　synthèse [sɛ̃tɛz]（総合）, sympathique [sɛ̃patik]（感じのいい）
　　 ain, aim ｜（口を横に引く）main [mɛ̃]（手）, faim [fɛ̃]（空腹）
　　 ein, eim ⌐ 　　　　　　peinture [pɛ̃tyr]（絵画）, Reims[rɛ̃s]（ランス）

　　 oin 　　[wɛ̃] ワン　　loin [lwɛ̃]（遠く）

　　 ien 　　[jɛ̃] イヤン　bien [bjɛ̃]（よく）

n, m が重なるとき，次に母音が来るときは鼻母音にはならない année [ane]（年）

inattendu [inatɑ̃dy]（思いがけない）

④ 半母音（[j], [ɥ], [w] はそれぞれ [i], [y], [u] が短く発音される時の音）

097 **i** ＋母音字 [j]　　　piano 　[pjano]（ピアノ）

　　 u ＋母音字 [ɥ]　　　biscuit [biskɥi]（ビスケット）

　　 ou ＋母音字 [w]　　　oui 　　[wi]（はい）

　　 ay ＋母音字 [ɛj]　　crayon [krɛjɔ̃]（鉛筆）

　　 oy ＋母音字 [waj]　voyage [vwajaʒ]（旅）

98

⑤ il, ill （半母音 [j] を含む組み合わせ）

098 　子音字 + **ill** 　　[ij]　　　famille [famij] （家族）,　billet [bijɛ] （切符）

　　　母音字 + **il(l)** 　[j]　　　travail [travaj] （仕事）,　soleil [sɔlɛj] （太陽）

　　　　　　（例外 [il]）　　　　ville [vil] （都市）

⑥ 注意すべき子音字の読み方

099 　**ç**　　　　　　　[s]　　　leçon 　　　[l(ə)sɔ̃] （レッスン）

　　c + **a, o, u**　[k]　　　cas　　　　[ka] （場合）,　culotte [kylɔt] （半ズボン）

　　　+ **e, i, y**　[s]　　　cinéma [sinema] （映画）,　ceci [səsi] （これ）

　　g + **a, o, u**　[g]　　　garçon [garsɔ̃] （少年）,　gorge [gɔrʒ] （のど）

　　　+ **e, i, y**　[ʒ]　　　geste　　[ʒɛst] （しぐさ）,　gymnastique [ʒimnastik] （体操）

⑦ 注意すべき子音の組み合わせ

100 　**qu**　[k]　　　　　　question　　　[kɛstjɔ̃] （質問）

　　ph　[f]　　　　　　philosophie [filɔzɔfi] （哲学）

　　th　[t]　　　　　　thé　　　　　[te] （お茶）

　　gn　[ɲ]　　ニュ　　signe　　　　[siɲ] （記号）

　　ch　[ʃ]　　シ(ュ)　chambre [ʃɑ̃br] （部屋）／（時に [k]） écho [eko] （こだま）

⑧ h について

　h 発音しない．だが語頭の h には無音と有音の区別がある．無音の h は発音の上でもないものとして扱えばよい．有音の h はリエゾン，アンシェヌマン，エリジヨンを行わない．

101 　le héros 　　（ヒーロー）　　l'hôtel 　　（ホテル）

アンシェヌマン *Enchaînement*

il est はイル・エではなく，イレと読む．アンシェヌマンとは，もともと発音される子音（ここでは l）のつぎに母音が来て，つながって読まれる現象．une amie は　ユヌ・アミではなく　ユナミとなる．

数字の発音

数字の後ろに母音や無音の h が来ると，リエゾンやアンシェヌマンが起こります．
trois enfants （トロワ・ザンファン） cinq hommes （サン・コーム）
数字の発音はむずかしいです．後ろに子音字で始まる単語が来ると5, 6, 8, 10の最後の [k], [s], [t] の音が発音されないこともあります．たとえば six croissants はスィ・クロワッサン，huit garçons はユイ・ギャルソンとなります．

Le Cinéma
豊かなフランス映画の世界

フランスは映画発祥の地．日々，新しい映画が作られている．日本でも新作の上映に接する機会は多いし，過去の名作は，DVDで見ることができる．ヌーヴェル・ヴァーグをはじめ傑作の数々を見れば，フランス語を学ぶモチベーションも高まるにちがいない．

大学の図書館だけでなく，YouTube でも思わぬ作品を発見できる．まずは検索してみよう．

　パリは，映画の舞台としても多くの作品に登場する．ゴダール監督の『勝手にしやがれ』(1959)，ルイ・マル監督の『地下鉄のザジ』(1960)，オードリー・ヘップバーン主演の『シャレード』(1963) のような往年の名作はもとより，18人の監督が観光名所から庶民地区までを描ききった『パリ，ジュテーム』(2008) や，イーサン・ホークとジュリー・デルピー主演のアメリカ制作の純愛映画『ビフォア・サンセット』(2004) まで，必ず好みの映画が見つかるはず．まずは映画でパリの街並みに馴染んでみてはどうだろう．

映画『パリのランデブー』エリック・ロメール監督作品('94) で歩くパリの散歩道
Les Rendez-vous de Paris par Eric Rohmer

さまざまなカップルを描いたこの作品には，パリの公園や名所の数々が登場する．散策気分を楽しみながら，さりげない会話も参考に

第2話：「パリのベンチ」
Les bancs de Paris
Pont Alexandre-III
1900年，パリ万博の時に作られた美しい橋

モンパルナスの庶民的な市場
Marché Edgar Quinet

Café Dame Tartine
ボーブールのポンピドゥー・センターにあるカフェ

Parc de La Villette
科学・産業館のある公園

Musée Picasso
マレ地区の名所

La Coupole
モンパルナスの芸術カフェ

Parc Montsouris
イギリス式庭園

第1話：「7時のランデブー」
Le Rendez-vous de 7 heures

第3話：「母と子 1907年」
Mère et enfant 1907

100

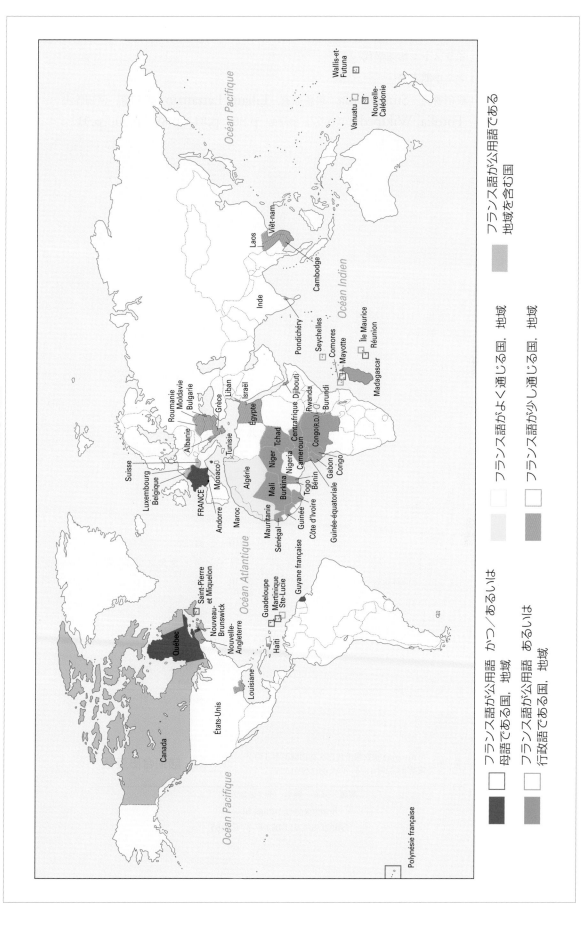

FRANCOPHONIE

Océan Pacifique
Océan Atlantique
Océan Indien

Canada
États-Unis
Québec
Nouvelle-Angleterre
Nouveau-Brunswick
Saint-Pierre et Miquelon
Louisiane
Haïti
Guadeloupe
Martinique
Ste-Lucie
Guyane française
Polynésie française

FRANCE
Andorre
Monaco
Suisse
Luxembourg
Belgique
Albanie
Roumanie
Moldavie
Bulgarie
Grèce
Liban
Israël
Maroc
Algérie
Tunisie
Égypte
Mauritanie
Sénégal
Mali
Niger
Tchad
Burkina
Guinée
Côte d'Ivoire
Togo
Bénin
Nigeria
Cameroun
Guinée-équatoriale
Gabon
Congo
Congo(R.D.)
Centrafrique
Rwanda
Burundi
Djibouti

Pondichéry
Inde
Seychelles
Comores
Mayotte
Île Maurice
Réunion
Madagascar

Laos
Viêt-nam
Cambodge

Vanuatu
Nouvelle-Calédonie
Wallis-et-Futuna

フランス語が公用語 かつ／あるいは
母語である国，地域

フランス語が公用語 あるいは
行政語である国，地域

フランス語がよく通じる国，地域

フランス語が少し通じる国，地域

フランス語が公用語である
地域を含む国

表紙・イラスト：紫芝幸代
デザイン：小熊未央
写真：篠田勝英，Sumiyo Ida，須藤瑠衣，Liliane Lattanzio，澤田直，澤田怜央
　Fotolia, Wikipedia（p.57，p.74，p.80，p.81，p.89，p.90，p.91）

アミカルマン〈プリュス〉
——フランス語・フランス文化への誘い——
（二訂版）

澤田　　直
リリアンヌ・ラタンジオ　著
黒川　　学

2018. 3. 1　初版発行
2024. 2. 1　二訂版 1 刷発行
発行者　上 野　名保子

発行所　〒101-0062 東京都千代田区神田駿河台 3 の 7
　　　　電話 03(3291)1676　FAX 03(3291)1675　株式会社　駿河台出版社

製版・印刷・製本　㈱フォレスト
http://www.e-surugadai.com
ISBN978-4-411-01147-3　C1085

動　詞　活　用　表

◇ 活用表中，現在分詞と過去分詞はイタリック体，
また書体の違う活用は，とくに注意すること．

accueillir	22	écrire	40	pleuvoir	61
acheter	10	émouvoir	55	pouvoir	54
acquérir	26	employer	13	préférer	12
aimer	7	envoyer	15	prendre	29
aller	16	être	2	recevoir	52
appeler	11	être aimé(e)(s)	5	rendre	28
(s')asseoir	60	être allé(e)(s)	4	résoudre	42
avoir	1	faire	31	rire	48
avoir aimé	3	falloir	62	rompre	50
battre	46	finir	17	savoir	56
boire	41	fuir	27	sentir	19
commencer	8	(se) lever	6	suffire	34
conclure	49	lire	33	suivre	38
conduire	35	manger	9	tenir	20
connaître	43	mettre	47	vaincre	51
coudre	37	mourir	25	valoir	59
courir	24	naître	44	venir	21
craindre	30	ouvrir	23	vivre	39
croire	45	partir	18	voir	57
devoir	53	payer	14	vouloir	58
dire	32	plaire	36		

◇ 単純時称の作り方

不定法		直説法現在		接続法現在	直説法半過去
—er [e] —ir [ir] —re [r] —oir [war]	je (j') tu il	—e [無音] —es [無音] —e [無音]	—s [無音] —s [無音] —t [無音]	—e [無音] —es [無音] —e [無音]	—ais [ɛ] —ais [ɛ] —ait [ɛ]
現在分詞	nous vous ils	—ons [ɔ̃] —ez [e] —ent [無音]		—ions [jɔ̃] —iez [je] —ent [無音]	—ions [jɔ̃] —iez [je] —aient [ɛ]
—ant [ɑ̃]					

	直説法単純未来		条件法現在	
je (j')	—rai	[re]	—rais	[rɛ]
tu	—ras	[rɑ]	—rais	[rɛ]
il	—ra	[ra]	—rait	[rɛ]
nous	—rons	[rɔ̃]	—rions	[rjɔ̃]
vous	—rez	[re]	—riez	[rje]
ils	—ront	[rɔ̃]	—raient	[rɛ]

	直 説 法 単 純 過 去					
je	—ai	[e]	—is	[i]	—us	[y]
tu	—as	[ɑ]	—is	[i]	—us	[y]
il	—a	[a]	—it	[i]	—ut	[y]
nous	—âmes	[am]	—îmes	[im]	—ûmes	[ym]
vous	—âtes	[at]	—îtes	[it]	—ûtes	[yt]
ils	—èrent	[ɛr]	—irent	[ir]	—urent	[yr]

過去分詞	—é [e], —i [i], —u [y], —s [無音], —t [無音]

①**直説法現在**の単数形は，第一群動詞では—e, —es, —e；他の動詞ではほとんど—s, —s, —t.

②**直説法現在**と**接続法現在**では，nous, vous の語幹が，他の人称の語幹と異なること（母音交替）がある.

③**命令法**は，直説法現在の tu, nous, vous をとった形.（ただし—es → e　vas → va）

④**接続法現在**は，多く直説法現在の3人称複数形から作られる. ils partent → je parte.

⑤**直説法半過去**と**現在分詞**は，直説法現在の1人称複数形から作られる.

⑥**直説法単純未来**と**条件法現在**は多く不定法から作られる. aimer → j'aimerai, finir → je finirai, rendre
　→ je rendrai(-oir 型の語幹は不規則).

3

1. avoir 直 説 法

現在分詞 ayant	現 在		半 過 去		単 純 過 去	
	j'	ai	j'	avais	j'	eus [y]
	tu	as	tu	avais	tu	eus
過去分詞	il	a	il	avait	il	eut
eu [y]	nous	avons	nous	avions	nous	eûmes
	vous	avez	vous	aviez	vous	eûtes
	ils	ont	ils	avaient	ils	eurent

命 令 法	複 合 過 去			大 過 去			前 過 去		
	j'	ai	eu	j'	avais	eu	j'	eus	eu
aie	tu	as	eu	tu	avais	eu	tu	eus	eu
	il	a	eu	il	avait	eu	il	eut	eu
ayons	nous	avons	eu	nous	avions	eu	nous	eûmes	eu
ayez	vous	avez	eu	vous	aviez	eu	vous	eûtes	eu
	ils	ont	eu	ils	avaient	eu	ils	eurent	eu

2. être 直 説 法

現在分詞 étant	現 在		半 過 去		単 純 過 去	
	je	suis	j'	étais	je	fus
	tu	es	tu	étais	tu	fus
過去分詞	il	est	il	était	il	fut
été	nous	sommes	nous	étions	nous	fûmes
	vous	êtes	vous	étiez	vous	fûtes
	ils	sont	ils	étaient	ils	furent

命 令 法	複 合 過 去			大 過 去			前 過 去		
	j'	ai	été	j'	avais	été	j'	eus	été
sois	tu	as	été	tu	avais	été	tu	eus	été
	il	a	été	il	avait	été	il	eut	été
soyons	nous	avons	été	nous	avions	été	nous	eûmes	été
soyez	vous	avez	été	vous	aviez	été	vous	eûtes	été
	ils	ont	été	ils	avaient	été	ils	eurent	été

3. avoir aimé 直 説 法

[複合時称]

	複 合 過 去			大 過 去			前 過 去		
分詞複合形 ayant aimé	j'	ai	aimé	j'	avais	aimé	j'	eus	aimé
	tu	as	aimé	tu	avais	aimé	tu	eus	aimé
	il	a	aimé	il	avait	aimé	il	eut	aimé
命 令 法	elle	a	aimé	elle	avait	aimé	elle	eut	aimé
aie aimé	nous	avons	aimé	nous	avions	aimé	nous	eûmes	aimé
	vous	avez	aimé	vous	aviez	aimé	vous	eûtes	aimé
ayons aimé	ils	ont	aimé	ils	avaient	aimé	ils	eurent	aimé
ayez aimé	elles	ont	aimé	elles	avaient	aimé	elles	eurent	aimé

4. être allé(e)(s) 直 説 法

[複合時称]

	複 合 過 去			大 過 去			前 過 去		
分詞複合形 étant allé(e)(s)	je	suis	allé(e)	j'	étais	allé(e)	je	fus	allé(e)
	tu	es	allé(e)	tu	étais	allé(e)	tu	fus	allé(e)
	il	est	allé	il	était	allé	il	fut	allé
命 令 法	elle	est	allée	elle	était	allée	elle	fut	allée
sois allé(e)	nous	sommes	allé(e)s	nous	étions	allé(e)s	nous	fûmes	allé(e)s
	vous	êtes	allé(e)(s)	vous	étiez	allé(e)(s)	vous	fûtes	allé(e)(s)
soyons allé(e)s	ils	sont	allés	ils	étaient	allés	ils	furent	allés
soyez allé(e)(s)	elles	sont	allées	elles	étaient	allées	elles	furent	allées

条 件 法		接 続 法	
単 純 未 来	**現 在**	**現 在**	**半 過 去**
j' aurai	j' aurais	j' aie	j' eusse
tu auras	tu aurais	tu aies	tu eusses
il aura	il aurait	il ait	il eût
nous aurons	nous aurions	nous ayons	nous eussions
vous aurez	vous auriez	vous ayez	vous eussiez
ils auront	ils auraient	ils aient	ils eussent
前 未 来	**過 去**	**過 去**	**大 過 去**
j' aurai eu	j' aurais eu	j' aie eu	j' eusse eu
tu auras eu	tu aurais eu	tu aies eu	tu eusses eu
il aura eu	il aurait eu	il ait eu	il eût eu
nous aurons eu	nous aurions eu	nous ayons eu	nous eussions eu
vous aurez eu	vous auriez eu	vous ayez eu	vous eussiez eu
ils auront eu	ils auraient eu	ils aient eu	ils eussent eu

条 件 法		接 続 法	
単 純 未 来	**現 在**	**現 在**	**半 過 去**
je serai	je serais	je sois	je fusse
tu seras	tu serais	tu sois	tu fusses
il sera	il serait	il soit	il fût
nous serons	nous serions	nous soyons	nous fussions
vous serez	vous seriez	vous soyez	vous fussiez
ils seront	ils seraient	ils soient	ils fussent
前 未 来	**過 去**	**過 去**	**大 過 去**
j' aurai été	j' aurais été	j' aie été	j' eusse été
tu auras été	tu aurais été	tu aies été	tu eusses été
il aura été	il aurait été	il ait été	il eût été
nous aurons été	nous aurions été	nous ayons été	nous eussions été
vous aurez été	vous auriez été	vous ayez été	vous eussiez été
ils auront été	ils auraient été	ils aient été	ils eussent été

条 件 法		接 続 法	
前 未 来	**過 去**	**過 去**	**大 過 去**
j' aurai aimé	j' aurais aimé	j' aie aimé	j' eusse aimé
tu auras aimé	tu aurais aimé	tu aies aimé	tu eusses aimé
il aura aimé	il aurait aimé	il ait aimé	il eût aimé
elle aura aimé	elle aurait aimé	elle ait aimé	elle eût aimé
nous aurons aimé	nous aurions aimé	nous ayons aimé	nous eussions aimé
vous aurez aimé	vous auriez aimé	vous ayez aimé	vous eussiez aimé
ils auront aimé	ils auraient aimé	ils aient aimé	ils eussent aimé
elles auront aimé	elles auraient aimé	elles aient aimé	elles eussent aimé

条 件 法		接 続 法	
前 未 来	**過 去**	**過 去**	**大 過 去**
je serai allé(e)	je serais allé(e)	je sois allé(e)	je fusse allé(e)
tu seras allé(e)	tu serais allé(e)	tu sois allé(e)	tu fusse allé(e)
il sera allé	il serait allé	il soit allé	il fût allé
elle sera allée	elle serait allée	elle soit allée	elle fût allée
nous serons allé(e)s	nous serions allé(e)s	nous soyons allé(e)s	nous fussions allé(e)s
vous serez allé(e)(s)	vous seriez allé(e)(s)	vous soyez allé(e)(s)	vous fussiez allé(e)(s)
ils seront allés	ils seraient allés	ils soient allés	ils fussent allés
elles seront allées	elles seraient allées	elles soient allées	elles fussent allées

5. être aimé(e)(s) ［受動態］

直　説　法		接　続　法

現　在 ／ **複　合　過　去** ／ **現　在**

je	suis	aimé(e)	j'	ai	été	aimé(e)	je	sois	aimé(e)
tu	es	aimé(e)	tu	as	été	aimé(e)	tu	sois	aimé(e)
il	est	aimé	il	a	été	aimé	il	soit	aimé
elle	est	aimée	elle	a	été	aimée	elle	soit	aimée
nous	sommes	aimé(e)s	nous	avons	été	aimé(e)s	nous	soyons	aimé(e)s
vous	êtes	aimé(e)(s)	vous	avez	été	aimé(e)(s)	vous	soyez	aimé(e)(s)
ils	sont	aimés	ils	ont	été	aimés	ils	soient	aimés
elles	sont	aimées	elles	ont	été	aimées	elles	soient	aimées

半　過　去 ／ **大　過　去** ／ **過　去**

j'	étais	aimé(e)	j'	avais	été	aimé(e)	j'	aie	été	aimé(e)
tu	étais	aimé(e)	tu	avais	été	aimé(e)	tu	aies	été	aimé(e)
il	était	aimé	il	avait	été	aimé	il	ait	été	aimé
elle	était	aimée	elle	avait	été	aimée	elle	ait	été	aimée
nous	étions	aimé(e)s	nous	avions	été	aimé(e)s	nous	ayons	été	aimé(e)s
vous	étiez	aimé(e)(s)	vous	aviez	été	aimé(e)(s)	vous	ayez	été	aimé(e)(s)
ils	étaient	aimés	ils	avaient	été	aimés	ils	aient	été	aimés
elles	étaient	aimées	elles	avaient	été	aimées	elles	aient	été	aimées

単　純　過　去 ／ **前　過　去** ／ **半　過　去**

je	fus	aimé(e)	j'	eus	été	aimé(e)	je	fusse	aimé(e)
tu	fus	aimé(e)	tu	eus	été	aimé(e)	tu	fusses	aimé(e)
il	fut	aimé	il	eut	été	aimé	il	fût	aimé
elle	fut	aimée	elle	eut	été	aimée	elle	fût	aimée
nous	fûmes	aimé(e)s	nous	eûmes	été	aimé(e)s	nous	fussions	aimé(e)s
vous	fûtes	aimé(e)(s)	vous	eûtes	été	aimé(e)(s)	vous	fussiez	aimé(e)(s)
ils	furent	aimés	ils	eurent	été	aimés	ils	fussent	aimés
elles	furent	aimées	elles	eurent	été	aimées	elles	fussent	aimées

単　純　未　来 ／ **前　未　来** ／ **大　過　去**

je	serai	aimé(e)	j'	aurai	été	aimé(e)	j'	eusse	été	aimé(e)
tu	seras	aimé(e)	tu	auras	été	aimé(e)	tu	eusses	été	aimé(e)
il	sera	aimé	il	aura	été	aimé	il	eût	été	aimé
elle	sera	aimée	elle	aura	été	aimée	elle	eût	été	aimée
nous	serons	aimé(e)s	nous	aurons	été	aimé(e)s	nous	eussions	été	aimé(e)s
vous	serez	aimé(e)(s)	vous	aurez	été	aimé(e)(s)	vous	eussiez	été	aimé(e)(s)
ils	seront	aimés	ils	auront	été	aimés	ils	eussent	été	aimés
elles	seront	aimées	elles	auront	été	aimées	elles	eussent	été	aimées

条　件　法		現在分詞

現　在 ／ **過　去**

étant aimé(e)(s)

je	serais	aimé(e)	j'	aurais	été	aimé(e)
tu	serais	aimé(e)	tu	aurais	été	aimé(e)
il	serait	aimé	il	aurait	été	aimé
elle	serait	aimée	elle	aurait	été	aimée
nous	serions	aimé(e)s	nous	aurions	été	aimé(e)s
vous	seriez	aimé(e)(s)	vous	auriez	été	aimé(e)(s)
ils	seraient	aimés	ils	auraient	été	aimés
elles	seraient	aimées	elles	auraient	été	aimées

過去分詞

été aimé(e)(s)

命　令　法

sois	aimé(e)s
soyons	aimé(e)s
soyez	aimé(e)(s)

6. se lever［代名動詞］

直　説　法					接　続　法		
現　在			**複　合　過　去**				
je	me	lève	je	me	suis	levé(e)	
tu	te	lèves	tu	t'	es	levé(e)	
il	se	lève	il	s'	est	levé	
elle	se	lève	elle	s'	est	levée	
nous	nous	levons	nous	nous	sommes	levé(e)s	
vous	vous	levez	vous	vous	êtes	levé(e)(s)	
ils	se	lèvent	ils	se	sont	levés	
elles	se	lèvent	elles	se	sont	levées	

接　続　法

現　在		
je	me	lève
tu	te	lèves
il	se	lève
elle	se	lève
nous	nous	levions
vous	vous	leviez
ils	se	lèvent
elles	se	lèvent

半　過　去			**大　過　去**				**過　去**			
je	me	levais	je	m'	étais	levé(e)	je	me	sois	levé(e)
tu	te	levais	tu	t'	étais	levé(e)	tu	te	sois	levé(e)
il	se	levait	il	s'	était	levé	il	se	soit	levé
elle	se	levait	elle	s'	était	levée	elle	se	soit	levée
nous	nous	levions	nous	nous	étions	levé(e)s	nous	nous	soyons	levé(e)s
vous	vous	leviez	vous	vous	étiez	levé(e)(s)	vous	vous	soyez	levé(e)(s)
ils	se	levaient	ils	s'	étaient	levés	ils	se	soient	levés
elles	se	levaient	elles	s'	étaient	levées	elles	se	soient	levées

単　純　過　去			**前　過　去**				**半　過　去**			
je	me	levai	je	me	fus	levé(e)	je	me	levasse	
tu	te	levas	tu	te	fus	levé(e)	tu	te	levasses	
il	se	leva	il	se	fut	levé	il	se	levât	
elle	se	leva	elle	se	fut	levée	elle	se	levât	
nous	nous	levâmes	nous	nous	fûmes	levé(e)s	nous	nous	levassions	
vous	vous	levâtes	vous	vous	fûtes	levé(e)(s)	vous	vous	levassiez	
ils	se	levèrent	ils	se	furent	levés	ils	se	levassent	
elles	se	levèrent	elles	se	furent	levées	elles	se	levassent	

単　純　未　来			**前　未　来**				**大　過　去**			
je	me	lèverai	je	me	serai	levé(e)	je	me	fusse	levé(e)
tu	te	lèveras	tu	te	seras	levé(e)	tu	te	fusses	levé(e)
il	se	lèvera	il	se	sera	levé	il	se	fût	levé
elle	se	lèvera	elle	se	sera	levée	elle	se	fût	levée
nous	nous	lèverons	nous	nous	serons	levé(e)s	nous	nous	fussions	levé(e)s
vous	vous	lèverez	vous	vous	serez	levé(e)(s)	vous	vous	fussiez	levé(e)(s)
ils	se	lèveront	ils	se	seront	levés	ils	se	fussent	levés
elles	se	lèveront	elles	se	seront	levées	elles	se	fussent	levées

条　件　法							現在分詞
現　在			**過　去**				
je	me	lèverais	je	me	serais	levé(e)	se levant
tu	te	lèverais	tu	te	serais	levé(e)	
il	se	lèverait	il	se	serait	levé	
elle	se	lèverait	elle	se	serait	levée	**命　令　法**
nous	nous	lèverions	nous	nous	serions	levé(e)s	
vous	vous	lèveriez	vous	vous	seriez	levé(e)(s)	lève-toi
ils	se	lèveraient	ils	se	seraient	levés	levons-nous
elles	se	lèveraient	elles	se	seraient	levées	levez-vous

◇ se が間接補語のとき過去分詞は性・数の変化をしない.

7

不 定 法 現在分詞 過去分詞	直 説 法			
	現　　在	半 過 去	単純過去	単純未来
7. aimer *aimant* *aimé*	j'　aime tu　aimes il　aime n.　aimons v.　aimez ils　aiment	j'　aimais tu　aimais il　aimait n.　aimions v.　aimiez ils　aimaient	j'　aimai tu　aimas il　aima n.　aimâmes v.　aimâtes ils　aimèrent	j'　aimerai tu　aimeras il　aimera n.　aimerons v.　aimerez ils　aimeront
8. commencer *commençant* *commencé*	je　commence tu　commences il　commence n.　commençons v.　commencez ils　commencent	je　commençais tu　commençais il　commençait n.　commencions v.　commenciez ils　commençaient	je　commençai tu　commenças il　commença n.　commençâmes v.　commençâtes ils　commencèrent	je　commencerai tu　commenceras il　commencera n.　commencerons v.　commencerez ils　commenceront
9. manger *mangeant* *mangé*	je　mange tu　manges il　mange n.　mangeons v.　mangez ils　mangent	je　mangeais tu　mangeais il　mangeait n.　mangions v.　mangiez ils　mangeaient	je　mangeai tu　mangeas il　mangea n.　mangeâmes v.　mangeâtes ils　mangèrent	je　mangerai tu　mangeras il　mangera n.　mangerons v.　mangerez ils　mangeront
10. acheter *achetant* *acheté*	j'　achète tu　achètes il　achète n.　achetons v.　achetez ils　achètent	j'　achetais tu　achetais il　achetait n.　achetions v.　achetiez ils　achetaient	j'　achetai tu　achetas il　acheta n.　achetâmes v.　achetâtes ils　achetèrent	j'　achèterai tu　achèteras il　achètera n.　achèterons v.　achèterez ils　achèteront
11. appeler *appelant* *appelé*	j'　appelle tu　appelles il　appelle n.　appelons v.　appelez ils　appellent	j'　appelais tu　appelais il　appelait n.　appelions v.　appeliez ils　appelaient	j'　appelai tu　appelas il　appela n.　appelâmes v.　appelâtes ils　appelèrent	j'　appellerai tu　appelleras il　appellera n.　appellerons v.　appellerez ils　appelleront
12. préférer *préférant* *préféré*	je　préfère tu　préfères il　préfère n.　préférons v.　préférez ils　préfèrent	je　préférais tu　préférais il　préférait n.　préférions v.　préfériez ils　préféraient	je　préférai tu　préféras il　préféra n.　préférâmes v.　préférâtes ils　préférèrent	je　préférerai tu　préféreras il　préférera n.　préférerons v.　préférerez ils　préféreront
13. employer *employant* *employé*	j'　emploie tu　emploies il　emploie n.　employons v.　employez ils　emploient	j'　employais tu　employais il　employait n.　employions v.　employiez ils　employaient	j'　employai tu　employas il　employa n.　employâmes v.　employâtes ils　employèrent	j'　emploierai tu　emploieras il　emploiera n.　emploierons v.　emploierez ils　emploieront

条件法	接続法		命令法	同型
現在	現在	半過去		
j' aimerais tu aimerais il aimerait n. aimerions v. aimeriez ils aimeraient	j' aime tu aimes il aime n. aimions v. aimiez ils aiment	j' aimasse tu aimasses il aimât n. aimassions v. aimassiez ils aimassent	aime aimons aimez	注語尾 -er の動詞 (除: aller, envoyer) を第一群規則動詞と もいう.
je commencerais tu commencerais il commencerait n. commencerions v. commenceriez ils commenceraient	je commence tu commences il commence n. commencions v. commenciez ils commencent	je commençasse tu commençasses il commençât n. commençassions v. commençassiez ils commençassent	commence commençons commencez	avancer effacer forcer lancer placer prononcer remplacer renoncer
je mangerais tu mangerais il mangerait n. mangerions v. mangeriez ils mangeraient	je mange tu manges il mange n. mangions v. mangiez ils mangent	je mangeasse tu mangeasses il mangeât n. mangeassions v. mangeassiez ils mangeassent	mange mangeons mangez	arranger changer charger déranger engager manger obliger voyager
j' achèterais tu achèterais il achèterait n. achèterions v. achèteriez ils achèteraient	j' achète tu achètes il achète n. achetions v. achetiez ils achètent	j' achetasse tu achetasses il achetât n. achetassions v. achetassiez ils achetassent	achète achetons achetez	achever amener enlever lever mener peser (se) promener
j' appellerais tu appellerais il appellerait n. appellerions v. appelleriez ils appelleraient	j' appelle tu appelles il appelle n. appelions v. appeliez ils appellent	j' appelasse tu appelasses il appelât n. appelassions v. appelassiez ils appelassent	appelle appelons appelez	jeter rappeler rejeter renouveler
je préférerais tu préférerais il préférerait n. préférerions v. préféreriez ils préféreraient	je préfère tu préfères il préfère n. préférions v. préfériez ils préfèrent	je préférasse tu préférasses il préférât n. préférassions v. préférassiez ils préférassent	préfère préférons préférez	considérer désespérer espérer inquiéter pénétrer posséder répéter sécher
j' emploierais tu emploierais il emploierait n. emploierions v. emploieriez ils emploieraient	j' emploie tu emploies il emploie n. employions v. employiez ils emploient	j' employasse tu employasses il employât n. employassions v. employassiez ils employassent	emploie employons employez	-oyer (除: envoyer) -uyer appuyer ennuyer essuyer nettoyer

不 定 法 現在分詞 過去分詞	直 説 法			
	現 在	半 過 去	単純過去	単純未来
14. payer *payant* *payé*	je paye (paie) tu payes (paies) il paye (paie) n. payons v. payez ils payent (paient)	je payais tu payais il payait n. payions v. payiez ils payaient	je payai tu payas il paya n. payâmes v. payâtes ils payèrent	je payerai (paierai) tu payeras (*etc. . . .*) il payera n. payerons v. payerez ils payeront
15. envoyer *envoyant* *envoyé*	j' envoie tu envoies il envoie n. envoyons v. envoyez ils envoient	j' envoyais tu envoyais il envoyait n. envoyions v. envoyiez ils envoyaient	j' envoyai tu envoyas il envoya n. envoyâmes v. envoyâtes ils envoyèrent	j' **enverrai** tu **enverras** il **enverra** n. **enverrons** v. **enverrez** ils **enverront**
16. aller *allant* *allé*	je **vais** tu **vas** il **va** n. allons v. allez ils **vont**	j' allais tu allais il allait n. allions v. alliez ils allaient	j' allai tu allas il alla n. allâmes v. allâtes ils allèrent	j' **irai** tu **iras** il **ira** n. **irons** v. **irez** ils **iront**
17. finir *finissant* *fini*	je finis tu finis il finit n. finissons v. finissez ils finissent	je finissais tu finissais il finissait n. finissions v. finissiez ils finissaient	je finis tu finis il finit n. finîmes v. finîtes ils finirent	je finirai tu finiras il finira n. finirons v. finirez ils finiront
18. partir *partant* *parti*	je pars tu pars il part n. partons v. partez ils partent	je partais tu partais il partait n. partions v. partiez ils partaient	je partis tu partis il partit n. partîmes v. partîtes ils partirent	je partirai tu partiras il partira n. partirons v. partirez ils partiront
19. sentir *sentant* *senti*	je sens tu sens il sent n. sentons v. sentez ils sentent	je sentais tu sentais il sentait n. sentions v. sentiez ils sentaient	je sentis tu sentis il sentit n. sentîmes v. sentîtes ils sentirent	je sentirai tu sentiras il sentira n. sentirons v. sentirez ils sentiront
20. tenir *tenant* *tenu*	je tiens tu tiens il tient n. tenons v. tenez ils tiennent	je tenais tu tenais il tenait n. tenions v. teniez ils tenaient	je tins tu tins il tint n. tînmes v. tîntes ils tinrent	je **tiendrai** tu **tiendras** il **tiendra** n. **tiendrons** v. **tiendrez** ils **tiendront**

条 件 法	接 続 法		命 令 法	同 型
現　　在	現　　在	半 過 去		
je payerais (paierais) tu payerais (*etc.* . . .) il payerait n. payerions v. payeriez ils payeraient	je paye (paie) tu payes (paies) il paye (paie) n. payions v. payiez ils payent (paient)	je payasse tu payasses il payât n. payassions v. payassiez ils payassent	paie (paye) payons payez	[発音] je paye [ʒəpɛj], je paie 「ʒəpɛ]; je payerai [ʒəpɛjre], je paierai [ʒəpɛre].
j' enverrais tu enverrais il enverrait n. enverrions v. enverriez ils enverraient	j' envoie tu envoies il envoie n. envoyions v. envoyiez ils envoient	j' envoyasse tu envoyasses il envoyât n. envoyassions v. envoyassiez ils envoyassent	envoie envoyons envoyez	囲未来, 条・現を除い ては, 13 と同じ. **renvoyer**
j' irais tu irais il irait n. irions v. iriez ils iraient	j' **aille** tu **ailles** il **aille** n. allions v. alliez ils **aillent**	j' allasse tu allasses il allât n. allassions v. allassiez ils allassent	**va** allons allez	囲yがつくとき命令法・ 現在は vas: vas-y. 直・ 現・3 人称複数に ont の 語尾をもつものは他に ont(avoir), sont(être), font(faire)のみ.
je finirais tu finirais il finirait n. finirions v. finiriez ils finiraient	je finisse tu finisses il finisse n. finissions v. finissiez ils finissent	je finisse tu finisses il finît n. finissions v. finissiez ils finissent	finis finissons finissez	囲finir 型の動詞を第 2群規則動詞という.
je partirais tu partirais il partirait n. partirions v. partiriez ils partiraient	je parte tu partes il parte n. partions v. partiez ils partent	je partisse tu partisses il partît n. partissions v. partissiez ils partissent	pars partons partez	囲助動詞は être. **sortir**
je sentirais tu sentirais il sentirait n. sentirions v. sentiriez ils sentiraient	je sente tu sentes il sente n. sentions v. sentiez ils sentent	je sentisse tu sentisses il sentît n. sentissions v. sentissiez ils sentissent	sens sentons sentez	囲18と助動詞を除 けば同型.
je tiendrais tu tiendrais il tiendrait n. tiendrions v. tiendriez ils tiendraient	je tienne tu tiennes il tienne n. tenions v. teniez ils tiennent	je tinsse tu tinsses il tînt n. tinssions v. tinssiez ils tinssent	tiens tenons tenez	囲**venir 21** と同型, ただし, 助動詞は avoir.

不定法 現在分詞 過去分詞	直　説　法			
	現　　在	半　過　去	単純過去	単純未来
21. venir *venant* *venu*	je viens tu viens il vient n. venons v. venez ils viennent	je venais tu venais il venait n. venions v. veniez ils venaient	je vins tu vins il vint n. vînmes v. vîntes ils vinrent	je **viendrai** tu **viendras** il **viendra** n. **viendrons** v. **viendrez** ils **viendront**
22. accueillir *accueillant* *accueilli*	j' **accueille** tu **accueilles** il **accueille** n. accueillons v. accueillez ils accueillent	j' accueillais tu accueillais il accueillait n. accueillions v. accueilliez ils accueillaient	j' accueillis tu accueillis il accueillit n. accueillîmes v. accueillîtes ils accueillirent	j' **accueillerai** tu **accueilleras** il **accueillera** n. **accueillerons** v. **accueillerez** ils **accueilleront**
23. ouvrir *ouvrant* *ouvert*	j' **ouvre** tu **ouvres** il **ouvre** n. ouvrons v. ouvrez ils ouvrent	j' ouvrais tu ouvrais il ouvrait n. ouvrions v. ouvriez ils ouvraient	j' ouvris tu ouvris il ouvrit n. ouvrîmes v. ouvrîtes ils ouvrirent	j' ouvrirai tu ouvriras il ouvrira n. ouvrirons v. ouvrirez ils ouvriront
24. courir *courant* *couru*	je cours tu cours il court n. courons v. courez ils courent	je courais tu courais il courait n. courions v. couriez ils couraient	je courus tu courus il courut n. courûmes v. courûtes ils coururent	je **courrai** tu **courras** il **courra** n. **courrons** v. **courrez** ils **courront**
25. mourir *mourant* *mort*	je meurs tu meurs il meurt n. mourons v. mourez ils meurent	je mourais tu mourais il mourait n. mourions v. mouriez ils mouraient	je mourus tu mourus il mourut n. mourûmes v. mourûtes ils moururent	je **mourrai** tu **mourras** il **mourra** n. **mourrons** v. **mourrez** ils **mourront**
26. acquérir *acquérant* *acquis*	j' acquiers tu acquiers il acquiert n. acquérons v. acquérez ils acquièrent	j' acquérais tu acquérais il acquérait n. acquérions v. acquériez ils acquéraient	j' acquis tu acquis il acquit n. acquîmes v. acquîtes ils acquirent	j' **acquerrai** tu **acquerras** il **acquerra** n. **acquerrons** v. **acquerrez** ils **acquerront**
27. fuir *fuyant* *fui*	je fuis tu fuis il fuit n. fuyons v. fuyez ils fuient	je fuyais tu fuyais il fuyait n. fuyions v. fuyiez ils fuyaient	je fuis tu fuis il fuit n. fuîmes v. fuîtes ils fuirent	je fuirai tu fuiras il fuira n. fuirons v. fuirez ils fuiront

条 件 法	接 続 法		命 令 法	同 型
現　　在	現　　在	半　過　去		
je viendrais tu viendrais il viendrait n. viendrions v. viendriez ils viendraient	je vienne tu viennes il vienne n. venions v. veniez ils viennent	je vinsse tu vinsses il vînt n. vinssions v. vinssiez ils vinssent	viens venons venez	注助動詞は être. **devenir** **intervenir** **prévenir** **revenir** **(se) souvenir**
j' accueillerais tu accueillerais il accueillerait n. accueillerions v. accueilleriez ils accueilleraient	j' accueille tu accueilles il accueille n. accueillions v. accueilliez ils accueillent	j' accueillisse tu accueillisses il accueillît n. accueillissions v. accueillissiez ils accueillissent	**accueille** accueillons accueillez	**cueillir**
j' ouvrirais tu ouvrirais il ouvrirait n. ouvririons v. ouvririez ils ouvriraient	j' ouvre tu ouvres il ouvre n. ouvrions v. ouvriez ils ouvrent	j' ouvrisse tu ouvrisses il ouvrît n. ouvrissions v. ouvrissiez ils ouvrissent	**ouvre** ouvrons ouvrez	**couvrir** **découvrir** **offrir** **souffrir**
je courrais tu courrais il courrait n. courrions v. courriez ils courraient	je coure tu coures il coure n. courions v. couriez ils courent	je courusse tu courusses il courût n. courussions v. courussiez ils courussent	cours courons courez	**accourir**
je mourrais tu mourrais il mourrait n. mourrions v. mourriez ils mourraient	je meure tu meures il meure n. mourions v. mouriez ils meurent	je mourusse tu mourusses il mourût n. mourussions v. mourussiez ils mourussent	meurs mourons mourez	注助動詞は être.
j' acquerrais tu acquerrais il acquerrait n. acquerrions v. acquerriez ils acquerraient	j' acquière tu acquières il acquière n. acquérions v. acquériez ils acquièrent	j' acquisse tu acquisses il acquît n. acquissions v. acquissiez ils acquissent	acquiers acquérons acquérez	**conquérir**
je fuirais tu fuirais il fuirait n. fuirions v. fuiriez ils fuiraient	je fuie tu fuies il fuie n. fuyions v. fuyiez ils fuient	je fuisse tu fuisses il fuît n. fuissions v. fuissiez ils fuissent	fuis fuyons fuyez	**s'enfuir**

13

不定法 現在分詞 過去分詞	直　説　法			
	現　在	半過去	単純過去	単純未来
28. rendre *rendant* *rendu*	je rends tu rends il **rend** n. rendons v. rendez ils rendent	je rendais tu rendais il rendait n. rendions v. rendiez ils rendaient	je rendis tu rendis il rendit n. rendîmes v. rendîtes ils rendirent	je rendrai tu rendras il rendra n. rendrons v. rendrez ils rendront
29. prendre *prenant* *pris*	je prends tu prends il **prend** n. prenons v. prenez ils prennent	je prenais tu prenais il prenait n. prenions v. preniez ils prenaient	je pris tu pris il prit n. prîmes v. prîtes ils prirent	je prendrai tu prendras il prendra n. prendrons v. prendrez ils prendront
30. craindre *craignant* *craint*	je crains tu crains il craint n. craignons v. craignez ils craignent	je craignais tu craignais il craignait n. craignions v. craigniez ils craignaient	je craignis tu craignis il craignit n. craignîmes v. craignîtes ils craignirent	je craindrai tu craindras il craindra n. craindrons v. craindrez ils craindront
31. faire *faisant* *fait*	je fais tu fais il fait n. faisons v. **faites** ils **font**	je faisais tu faisais il faisait n. faisions v. faisiez ils faisaient	je fis tu fis il fit n. fîmes v. fîtes ils firent	je **ferai** tu **feras** il **fera** n. **ferons** v. **ferez** ils **feront**
32. dire *disant* *dit*	je dis tu dis il dit n. disons v. **dites** ils disent	je disais tu disais il disait n. disions v. disiez ils disaient	je dis tu dis il dit n. dîmes v. dîtes ils dirent	je dirai tu diras il dira n. dirons v. direz ils diront
33. lire *lisant* *lu*	je lis tu lis il lit n. lisons v. lisez ils lisent	je lisais tu lisais il lisait n. lisions v. lisiez ils lisaient	je lus tu lus il lut n. lûmes v. lûtes ils lurent	je lirai tu liras il lira n. lirons v. lirez ils liront
34. suffire *suffisant* *suffi*	je suffis tu suffis il suffit n. suffisons v. suffisez ils suffisent	je suffisais tu suffisais il suffisait n. suffisions v. suffisiez ils suffisaient	je suffis tu suffis il suffit n. suffîmes v. suffîtes ils suffirent	je suffirai tu suffiras il suffira n. suffirons v. suffirez ils suffiront

条 件 法	接 続 法		命 令 法	同 型
現 在	現 在	半 過 去		
je rendrais tu rendrais il rendrait n. rendrions v. rendriez ils rendraient	je rende tu rendes il rende n. rendions v. rendiez ils rendent	je rendisse tu rendisses il rendît n. rendissions v. rendissiez ils rendissent	rends rendons rendez	**attendre** **descendre** **entendre** **pendre** **perdre** **répandre** **répondre** **vendre**
je prendrais tu prendrais il prendrait n. prendrions v. prendriez ils prendraient	je prenne tu prennes il prenne n. prenions v. preniez ils prennent	je prisse tu prisses il prît n. prissions v. prissiez ils prissent	prends prenons prenez	**apprendre** **comprendre** **entreprendre** **reprendre** **surprendre**
je craindrais tu craindrais il craindrait n. craindrions v. craindriez ils craindraient	je craigne tu craignes il craigne n. craignions v. craigniez ils craignent	je craignisse tu craignisses il craignît n. craignissions v. craignissiez ils craignissent	crains craignons craignez	**atteindre** **éteindre** **joindre** **peindre** **plaindre**
je ferais tu ferais il ferait n. ferions v. feriez ils feraient	je **fasse** tu **fasses** il **fasse** n. **fassions** v. **fassiez** ils **fassent**	je fisse tu fisses il fît n. fissions v. fissiez ils fissent	fais faisons **faites**	**défaire** **refaire** **satisfaire** 注fais-[f(ə)z-]
je dirais tu dirais il dirait n. dirions v. diriez ils diraient	je dise tu dises il dise n. disions v. disiez ils disent	je disse tu disses il dît n. dissions v. dissiez ils dissent	dis disons **dites**	**redire**
je lirais tu lirais il lirait n. lirions v. liriez ils liraient	je lise tu lises il lise n. lisions v. lisiez ils lisent	je lusse tu lusses il lût n. lussions v. lussiez ils lussent	lis lisons lisez	**relire** **élire**
je suffirais tu suffirais il suffirait n. suffirions v. suffiriez ils suffiraient	je suffise tu suffises il suffise n. suffisions v. suffisiez ils suffisent	je suffisse tu suffisses il suffît n. suffissions v. suffissiez ils suffissent	suffis suffisons suffisez	

不 定 法 現在分詞 過去分詞	直　説　法			
	現　　在	半　過　去	単純過去	単純未来
35. conduire *conduisant* *conduit*	je conduis tu conduis il conduit n. conduisons v. conduisez ils conduisent	je conduisais tu conduisais il conduisait n. conduisions v. conduisiez ils conduisaient	je conduisis tu conduisis il conduisit n. conduisîmes v. conduisîtes ils conduisirent	je conduirai tu conduiras il conduira n. conduirons v. conduirez ils conduiront
36. plaire *plaisant* *plu*	je plais tu plais il **plaît** n. plaisons v. plaisez ils plaisent	je plaisais tu plaisais il plaisait n. plaisions v. plaisiez ils plaisaient	je plus tu plus il plut n. plûmes v. plûtes ils plurent	je plairai tu plairas il plaira n. plairons v. plairez ils plairont
37. coudre *cousant* *cousu*	je couds tu couds il coud n. cousons v. cousez ils cousent	je cousais tu cousais il cousait n. cousions v. cousiez ils cousaient	je cousis tu cousis il cousit n. cousîmes v. cousîtes ils cousirent	je coudrai tu coudras il coudra n. coudrons v. coudrez ils coudront
38. suivre *suivant* *suivi*	je suis tu suis il suit n. suivons v. suivez ils suivent	je suivais tu suivais il suivait n. suivions v. suiviez ils suivaient	je suivis tu suivis il suivit n. suivîmes v. suivîtes ils suivirent	je suivrai tu suivras il suivra n. suivrons v. suivrez ils suivront
39. vivre *vivant* *vécu*	je vis tu vis il vit n. vivons v. vivez ils vivent	je vivais tu vivais il vivait n. vivions v. viviez ils vivaient	je vécus tu vécus il vécut n. vécûmes v. vécûtes ils vécurent	je vivrai tu vivras il vivra n. vivrons v. vivrez ils vivront
40. écrire *écrivant* *écrit*	j' écris tu écris il écrit n. écrivons v. écrivez ils écrivent	j' écrivais tu écrivais il écrivait n. écrivions v. écriviez ils écrivaient	j' écrivis tu écrivis il écrivit n. écrivîmes v. écrivîtes ils écrivirent	j' écrirai tu écriras il écrira n. écrirons v. écrirez ils écriront
41. boire *buvant* *bu*	je bois tu bois il boit n. buvons v. buvez ils boivent	je buvais tu buvais il buvait n. buvions v. buviez ils buvaient	je bus tu bus il but n. bûmes v. bûtes ils burent	je boirai tu boiras il boira n. boirons v. boirez ils boiront

条　件　法		接　続　法			命　令　法	同　型
現　在		現　在		半　過　去		
je conduirais tu conduirais il conduirait n. conduirions v. conduiriez ils conduiraient		je conduise tu conduises il conduise n. conduisions v. conduisiez ils conduisent		je conduisisse tu conduisisses il conduisît n. conduisissions v. conduisissiez ils conduisissent	conduis conduisons conduisez	**construire** **cuire** **détruire** **instruire** **introduire** **produire** **traduire**
je plairais tu plairais il plairait n. plairions v. plairiez ils plairaient		je plaise tu plaises il plaise n. plaisions v. plaisiez ils plaisent		je plusse tu plusses il plût n. plussions v. plussiez ils plussent	plais plaisons plaisez	**déplaire** **(se) taire** （ただし il se tait）
je coudrais tu coudrais il coudrait n. coudrions v. coudriez ils coudraient		je couse tu couses il couse n. cousions v. cousiez ils cousent		je cousisse tu cousisses il cousît n. cousissions v. cousissiez ils cousissent	couds cousons cousez	
je suivrais tu suivrais il suivrait n. suivrions v. suivriez ils suivraient		je suive tu suives il suive n. suivions v. suiviez ils suivent		je suivisse tu suivisses il suivît n. suivissions v. suivissiez ils suivissent	suis suivons suivez	**poursuivre**
je vivrais tu vivrais il vivrait n. vivrions v. vivriez ils vivraient		je vive tu vives il vive n. vivions v. viviez ils vivent		je vécusse tu vécusses il vécût n. vécussions v. vécussiez ils vécussent	vis vivons vivez	
j' écrirais tu écrirais il écrirait n. écririons v. écririez ils écriraient		j' écrive tu écrives il écrive n. écrivions v. écriviez ils écrivent		j' écrivisse tu écrivisses il écrivît n. écrivissions v. écrivissiez ils écrivissent	écris écrivons écrivez	**décrire** **inscrire**
je boirais tu boirais il boirait n. boirions v. boiriez ils boiraient		je boive tu boives il boive n. buvions v. buviez ils boivent		je busse tu busses il bût n. bussions v. bussiez ils bussent	bois buvons buvez	

不 定 法 現在分詞 過去分詞	直 説 法			
	現　　在	半　過　去	単　純　過　去	単　純　未　来
42. résoudre *résolvant* *résolu*	je résous tu résous il résout n. résolvons v. résolvez ils résolvent	je résolvais tu résolvais il résolvait n. résolvions v. résolviez ils résolvaient	je résolus tu résolus il résolut n. résolûmes v. résolûtes ils résolurent	je résoudrai tu résoudras il résoudra n. résoudrons v. résoudrez ils résoudront
43. connaître *connaissant* *connu*	je connais tu connais il **connaît** n. connaissons v. connaissez ils connaissent	je connaissais tu connaissais il connaissait n. connaissions v. connaissiez ils connaissaient	je connus tu connus il connut n. connûmes v. connûtes ils connurent	je connaîtrai tu connaîtras il connaîtra n. connaîtrons v. connaîtrez ils connaîtront
44. naître *naissant* *né*	je nais tu nais il **naît** n. naissons v. naissez ils naissent	je naissais tu naissais il naissait n. naissions v. naissiez ils naissaient	je naquis tu naquis il naquit n. naquîmes v. naquîtes ils naquirent	je naîtrai tu naîtras il naîtra n. naîtrons v. naîtrez ils naîtront
45. croire *croyant* *cru*	je crois tu crois il croit n. croyons v. croyez ils croient	je croyais tu croyais il croyait n. croyions v. croyiez ils croyaient	je crus tu crus il crut n. crûmes v. crûtes ils crurent	je croirai tu croiras il croira n. croirons v. croirez ils croiront
46. battre *battant* *battu*	je bats tu bats il **bat** n. battons v. battez ils battent	je battais tu battais il battait n. battions v. battiez ils battaient	je battis tu battis il battit n. battîmes v. battîtes ils battirent	je battrai tu battras il battra n. battrons v. battrez ils battront
47. mettre *mettant* *mis*	je mets tu mets il **met** n. mettons v. mettez ils mettent	je mettais tu mettais il mettait n. mettions v. mettiez ils mettaient	je mis tu mis il mit n. mîmes v. mîtes ils mirent	je mettrai tu mettras il mettra n. mettrons v. mettrez ils mettront
48. rire *riant* *ri*	je ris tu ris il rit n. rions v. riez ils rient	je riais tu riais il riait n. riions v. riiez ils riaient	je ris tu ris il rit n. rîmes v. rîtes ils rirent	je rirai tu riras il rira n. rirons v. rirez ils riront

条件法		接続法		命令法	同型
現在		現在	半過去		
je résoudrais	je résolve	je résolusse	résous		
tu résoudrais	tu résolves	tu résolusses			
il résoudrait	il résolve	il résolût			
n. résoudrions	n. résolvions	n. résolussions	résolvons		
v. résoudriez	v. résolviez	v. résolussiez	résolvez		
ils résoudraient	ils résolvent	ils résolussent			
je connaîtrais	je connaisse	je connusse		注 t の前にくるとき	
tu connaîtrais	tu connaisses	tu connusses	connais	i→î.	
il connaîtrait	il connaisse	il connût		**apparaître**	
n. connaîtrions	n. connaissions	n. connussions	connaissons	**disparaître**	
v. connaîtriez	v. connaissiez	v. connussiez	connaissez	**paraître**	
ils connaîtraient	ils connaissent	ils connussent		**reconnaître**	
je naîtrais	je naisse	je naquisse		注 t の前にくるとき	
tu naîtrais	tu naisses	tu naquisses	nais	i→î.	
il naîtrait	il naisse	il naquît		助動詞はêtre.	
n. naîtrions	n. naissions	n. naquissions	naissons		
v. naîtriez	v. naissiez	v. naquissiez	naissez		
ils naîtraient	ils naissent	ils naquissent			
je croirais	je croie	je crusse			
tu croirais	tu croies	tu crusses	crois		
il croirait	il croie	il crût			
n. croirions	n. croyions	n. crussions	croyons		
v. croiriez	v. croyiez	v. crussiez	croyez		
ils croiraient	ils croient	ils crussent			
je battrais	je batte	je battisse		**abattre**	
tu battrais	tu battes	tu battisses	bats	**combattre**	
il battrait	il batte	il battît			
n. battrions	n. battions	n. battissions	battons		
v. battriez	v. battiez	v. battissiez	battez		
ils battraient	ils battent	ils battissent			
je mettrais	je mette	je misse		**admettre**	
tu mettrais	tu mettes	tu misses	mets	**commettre**	
il mettrait	il mette	il mît		**permettre**	
n. mettrions	n. mettions	n. missions	mettons	**promettre**	
v. mettriez	v. mettiez	v. missiez	mettez	**remettre**	
ils mettraient	ils mettent	ils missent			
je rirais	je rie	je risse		**sourire**	
tu rirais	tu ries	tu risses	ris		
il rirait	il rie	il rît			
n. ririons	n. riions	n. rissions	rions		
v. ririez	v. riiez	v. rissiez	riez		
ils riraient	ils rient	ils rissent			

不 定 法 現在分詞 過去分詞	直 説 法			
	現 在	半 過 去	単 純 過 去	単 純 未 来
49. conclure *concluant* *conclu*	je conclus tu conclus il conclut n. concluons v. concluez ils concluent	je concluais tu concluais il concluait n. concluions v. concluiez ils concluaient	je conclus tu conclus il conclut n. conclûmes v. conclûtes ils conclurent	je conclurai tu concluras il conclura n. conclurons v. conclurez ils concluront
50. rompre *rompant* *rompu*	je romps tu romps il rompt n. rompons v. rompez ils rompent	je rompais tu rompais il rompait n. rompions v. rompiez ils rompaient	je rompis tu rompis il rompit n. rompîmes v. rompîtes ils rompirent	je romprai tu rompras il rompra n. romprons v. romprez ils rompront
51. vaincre *vainquant* *vaincu*	je vaincs tu vaincs il **vainc** n. vainquons v. vainquez ils vainquent	je vainquais tu vainquais il vainquait n. vainquions v. vainquiez ils vainquaient	je vainquis tu vainquis il vainquit n. vainquîmes v. vainquîtes ils vainquirent	je vaincrai tu vaincras il vaincra n. vaincrons v. vaincrez ils vaincront
52. recevoir *recevant* *reçu*	je reçois tu reçois il reçoit n. recevons v. recevez ils reçoivent	je recevais tu recevais il recevait n. recevions v. receviez ils recevaient	je reçus tu reçus il reçut n. reçûmes v. reçûtes ils reçurent	je **recevrai** tu **recevras** il **recevra** n. **recevrons** v. **recevrez** ils **recevront**
53. devoir *devant* *dû* (due, dus, dues)	je dois tu dois il doit n. devons v. devez ils doivent	je devais tu devais il devait n. devions v. deviez ils devaient	je dus tu dus il dut n. dûmes v. dûtes ils durent	je **devrai** tu **devras** il **devra** n. **devrons** v. **devrez** ils **devront**
54. pouvoir *pouvant* *pu*	je **peux (puis)** tu **peux** il peut n. pouvons v. pouvez ils peuvent	je pouvais tu pouvais il pouvait n. pouvions v. pouviez ils pouvaient	je pus tu pus il put n. pûmes v. pûtes ils purent	je **pourrai** tu **pourras** il **pourra** n. **pourrons** v. **pourrez** ils **pourront**
55. émouvoir *émouvant* *ému*	j' émeus tu émeus il émeut n. émouvons v. émouvez ils émeuvent	j' émouvais tu émouvais il émouvait n. émouvions v. émouviez ils émouvaient	j' émus tu émus il émut n. émûmes v. émûtes ils émurent	j' **émouvrai** tu **émouvras** il **émouvra** n. **émouvrons** v. **émouvrez** ils **émouvront**

条件法		接続法		命令法	同型
現　在		現　在	半過去		
je conclurais tu conclurais il conclurait n. conclurions v. concluriez ils concluraient		je conclue tu conclues il conclue n. concluions v. concluiez ils concluent	je conclusse tu conclusses il conclût n. conclussions v. conclussiez ils conclussent	conclus concluons concluez	
je romprais tu romprais il romprait n. romprions v. rompriez ils rompraient		je rompe tu rompes il rompe n. rompions v. rompiez ils rompent	je rompisse tu rompisses il rompît n. rompissions v. rompissiez ils rompissent	romps rompons rompez	**interrompre**
je vaincrais tu vaincrais il vaincrait n. vaincrions v. vaincriez ils vaincraient		je vainque tu vainques il vainque n. vainquions v. vainquiez ils vainquent	je vainquisse tu vainquisses il vainquît n. vainquissions v. vainquissiez ils vainquissent	vaincs vainquons vainquez	**convaincre**
je recevrais tu recevrais il recevrait n. recevrions v. recevriez ils recevraient		je reçoive tu reçoives il reçoive n. recevions v. receviez ils reçoivent	je reçusse tu reçusses il reçût n. reçussions v. reçussiez ils reçussent	reçois recevons recevez	**apercevoir** **concevoir**
je devrais tu devrais il devrait n. devrions v. devriez ils devraient		je doive tu doives il doive n. devions v. deviez ils doivent	je dusse tu dusses il dût n. dussions v. dussiez ils dussent	dois devons devez	注命令法はほとんど 用いられない.
je pourrais tu pourrais il pourrait n. pourrions v. pourriez ils pourraient		je **puisse** tu **puisses** il **puisse** n. **puissions** v. **puissiez** ils **puissent**	je pusse tu pusses il pût n. pussions v. pussiez ils pussent		注命令法はない.
j' émouvrais tu émouvrais il émouvrait n. émouvrions v. émouvriez ils émouvraient		j' émeuve tu émeuves il émeuve n. émouvions v. émouviez ils émeuvent	j' émusse tu émusses il émût n. émussions v. émussiez ils émussent	émeus émouvons émouvez	**mouvoir** ただし過去分詞は mû (mue, mus, mues)

不 定 法 現在分詞 過去分詞	直 説 法			
	現　　在	半　過　去	単純過去	単純未来
56. savoir *sachant* *su*	je sais tu sais il sait n. savons v. savez ils savent	je savais tu savais il savait n. savions v. saviez ils savaient	je sus tu sus il sut n. sûmes v. sûtes ils surent	je **saurai** tu **sauras** il **saura** n. **saurons** v. **saurez** ils **sauront**
57. voir *voyant* *vu*	je vois tu vois il voit n. voyons v. voyez ils voient	je voyais tu voyais il voyait n. voyions v. voyiez ils voyaient	je vis tu vis il vit n. vîmes v. vîtes ils virent	je **verrai** tu **verras** il **verra** n. **verrons** v. **verrez** ils **verront**
58. vouloir *voulant* *voulu*	je **veux** tu **veux** il veut n. voulons v. voulez ils veulent	je voulais tu voulais il voulait n. voulions v. vouliez ils voulaient	je voulus tu voulus il voulut n. voulûmes v. voulûtes ils voulurent	je **voudrai** tu **voudras** il **voudra** n. **voudrons** v. **voudrez** ils **voudront**
59. valoir *valant* *valu*	je **vaux** tu **vaux** il vaut n. valons v. valez ils valent	je valais tu valais il valait n. valions v. valiez ils valaient	je valus tu valus il valut n. valûmes v. valûtes ils valurent	je **vaudrai** tu **vaudras** il **vaudra** n. **vaudrons** v. **vaudrez** ils **vaudront**
60. s'asseoir *s'asseyant*[1] *assis*	je m'assieds[1] tu t'assieds il **s'assied** n. n. asseyons v. v. asseyez ils s'asseyent	je m'asseyais[1] tu t'asseyais il s'asseyait n. n. asseyions v. v. asseyiez ils s'asseyaient	je m'assis tu t'assis il s'assit n. n. assîmes v. v. assîtes ils s'assirent	je m'**assiérai**[1] tu t'**assiéras** il s'**assiéra** n. n. **assiérons** v. v. **assiérez** ils s'**assiéront**
s'assoyant[2]	je m'assois[2] tu t'assois il s'assoit n. n. assoyons v. v. assoyez ils s'assoient	je m'assoyais[2] tu t'assoyais il s'assoyait n. n. assoyions v. v. assoyiez ils s'assoyaient		je m'**assoirai**[2] tu t'**assoiras** il s'**assoira** n. n. **assoirons** v. v. **assoirez** ils s'**assoiront**
61. pleuvoir *pleuvant* *plu*	il pleut	il pleuvait	il plut	il **pleuvra**
62. falloir *fallu*	il faut	il fallait	il fallut	il **faudra**

条件法	接続法		命令法	同型
現在	現在	半過去		
je saurais tu saurais il saurait n. saurions v. sauriez ils sauraient	je **sache** tu **saches** il **sache** n. **sachions** v. **sachiez** ils **sachent**	je susse tu susses il sût n. sussions v. sussiez ils sussent	**sache** **sachons** **sachez**	
je verrais tu verrais il verrait n. verrions v. verriez ils verraient	je voie tu voies il voie n. voyions v. voyiez ils voient	je visse tu visses il vît n. vissions v. vissiez ils vissent	vois voyons voyez	**revoir**
je voudrais tu voudrais il voudrait n. voudrions v. voudriez ils voudraient	je **veuille** tu **veuilles** il **veuille** n. voulions v. vouliez ils **veuillent**	je voulusse tu voulusses il voulût n. voulussions v. voulussiez ils voulussent	**veuille** **veuillons** **veuillez**	
je vaudrais tu vaudrais il vaudrait n. vaudrions v. vaudriez ils vaudraient	je **vaille** tu **vailles** il **vaille** n. valions v. valiez ils **vaillent**	je valusse tu valusses il valût n. valussions v. valussiez ils valussent		注 命令法はほとんど用いられない.
je m'assiérais[1] tu t'assiérais il s'assiérait n. n. assiérions v. v. assiériez ils s'assiéraient	je m'asseye[1] tu t'asseyes il s'asseye n. n. asseyions v. v. asseyiez ils s'asseyent	j' m'assisse tu t'assisses il s'assît n. n. assissions v. v. assissiez ils s'assissent	assieds-toi[1] asseyons-nous asseyez-vous	注 時称により2種の活用があるが, (1)は古来の活用で, (2)は俗語調である. (1)の方が多く使われる.
je m'assoirais[2] tu t'assoirais il s'assoirait n. n. assoirions v. v. assoiriez ils s'assoiraient	je m'assoie[2] tu t'assoies il s'assoie n. n. assoyions v. v. assoyiez ils s'assoient		assois-toi[2] assoyons-nous assoyez-vous	
il pleuvrait	il pleuve	il plût		注 命令法はない.
il faudrait	il **faille**	il fallût		注 命令法・現在分詞はない.

23

NUMÉRAUX（数詞）

CARDINAUX（基数）	ORDINAUX（序数）		CARDINAUX	ORDINAUX
1 **un, une**	**premier（première）**	90	**quatre-vingt-dix**	**quatre-vingt-dixième**
2 deux	deuxième, second（e）	91	quatre-vingt-onze	quatre-vingt-onzième
3 trois	troisième	92	quatre-vingt-douze	quatre-vingt-douzième
4 quatre	quatrième	100	**cent**	**centième**
5 cinq	cinquième	101	cent un	cent（et）unième
6 six	sixième	102	cent deux	cent deuxième
7 sept	septième	110	cent dix	cent dixième
8 huit	huitième	120	cent vingt	cent vingtième
9 neuf	neuvième	130	cent trente	cent trentième
10 **dix**	**dixième**	140	cent quarante	cent quarantième
11 onze	onzième	150	cent cinquante	cent cinquantième
12 douze	douzième	160	cent soixante	cent soixantième
13 treize	treizième	170	cent soixante-dix	cent soixante-dixième
14 quatorze	quatorzième	180	cent quatre-vingts	cent quatre-vingtième
15 quinze	quinzième	190	cent quatre-vingt-dix	cent quatre-vingt-dixième
16 seize	seizième	200	**deux cents**	**deux centième**
17 dix-sept	dix-septième	201	deux cent un	deux cent unième
18 dix-huit	dix-huitième	202	deux cent deux	deux cent deuxième
19 dix-neuf	dix-neuvième	300	**trois cents**	**trois centième**
20 **vingt**	**vingtième**	301	trois cent un	trois cent unième
21 vingt et un	vingt et unième	302	trois cent deux	trois cent deuxième
22 vingt-deux	vingt-deuxième	400	**quatre cents**	**quatre centième**
23 vingt-trois	vingt-troisième	401	quatre cent un	quatre cent unième
30 **trente**	**trentième**	402	quatre cent deux	quatre cent deuxième
31 trente et un	trente et unième	500	**cinq cents**	**cinq centième**
32 trente-deux	trente-deuxième	501	cinq cent un	cinq cent unième
40 **quarante**	**quarantième**	502	cinq cent deux	cinq cent deuxième
41 quarante et un	quarante et unième	600	**six cents**	**six centième**
42 quarante-deux	quarante-deuxième	601	six cent un	six cent unième
50 **cinquante**	**cinquantième**	602	six cent deux	six cent deuxième
51 cinquante et un	cinquante et unième	700	**sept cents**	**sept centième**
52 cinquante-deux	cinquante-deuxième	701	sept cent un	sept cent unième
60 **soixante**	**soixantième**	702	sept cent deux	sept cent deuxième
61 soixante et un	soixante et unième	800	**huit cents**	**huit centième**
62 soixante-deux	soixante-deuxième	801	huit cent un	huit cent unième
70 **soixante-dix**	**soixante-dixième**	802	huit cent deux	huit cent deuxième
71 soixante et onze	soixante et onzième	900	**neuf cents**	**neuf centième**
72 soixante-douze	soixante-douzième	901	neuf cent un	neuf cent unième
80 **quatre-vingts**	**quatre-vingtième**	902	neuf cent deux	neuf cent deuxième
81 quatre-vingt-un	quatre-vingt-unième	1000	**mille**	**millième**
82 quatre-vingt-deux	quatre-vingt-deuxième			

| 1 000 000 | **un million** | **millionième** ‖ | 1 000 000 000 | **un milliard** | **milliardième** |